Prüfungsvorbereitung auf
Goethe-Zertifikat
B1-B2

新版欧标德语

B1—B2

备考进阶训练

主编◎郑 彧

副主编◎庄 利

编 者◎霍 佳 刘贝贝

上海交通大学出版社
SHANGHAI JIAO TONG UNIVERSITY PRESS

内容提要

本书以欧标B1、B2级别语言考试内容为依据，设置三个阶段，主题难度与语言难度逐级递增，帮助读者在熟悉B1试题的同时逐步达到B2水平。其中阶段1对应欧标B1级别，阶段2对应B1+级别，阶段3达到B2级别。本书包含12个单元，每个单元都有特定的主题，涵盖欧标德语考试相关的所有主题，以帮助读者能够在不同主题背景下训练听说读写四项语言基本技能。本书适合想要训练并提高德语能力以及备考新版欧标B1、B2考试的青少年及成年人。

图书在版编目（CIP）数据

新版欧标德语B1-B2备考进阶训练 / 郑彧主编. —
上海：上海交通大学出版社，2022.11
ISBN 978-7-313-27074-0

Ⅰ.①新… Ⅱ.①郑 Ⅲ.①德语–习题集 Ⅳ.
①H339.6

中国版本图书馆CIP数据核字(2022)第119620号

新版欧标德语B1—B2备考进阶训练

XINBAN OUBIAO DEYU B1-B2 BEIKAO JINJIE XUNLIAN

主　　编：郑 彧		副 主 编：庄 利	
出版发行：上海交通大学出版社		地　　址：上海市番禺路951号	
邮政编码：200030		电　　话：021-64071208	
印　　刷：上海景条印刷有限公司		经　　销：全国新华书店	
开　　本：787mm×1092mm　1/16		印　　张：15.25	
字　　数：366千字			
版　　次：2022年11月第1版		印　　次：2022年11月第1次印刷	
书　　号：ISBN 978-7-313-27074-0		音像书号：ISBN 978-7-88941-559-0	
定　　价：58.00元			

Vorwort 前言

　　本书面向欧标德语B1以上级别，目标人群为想要训练语言技能并提高德语能力，以及备考新版欧标B1、B2考试的青少年及成年人。让读者以目标为导向，系统训练德语听、说、读、写四项基本技能，从B1级别逐步过渡到B2级别。虽然欧标B1到B2考试仅跨越一个语言级别，但根据编者多年的教学经验，从B1过渡到B2级别对于学习者而言是不小的挑战，许多学生也表示仅靠教材学习难以达到该项考试要求的语言能力。

　　本书是以欧标B1、B2级别语言考试内容为依据，并参考国内外同类德语教材和外语教学方法的成果编写的。设置三个阶段，每4个单元为一个阶段，主题难度与语言难度逐级递增，在帮助读者熟悉B1试题的同时逐步达到B2水平。其中，阶段1对应欧标B1级别，阶段2对应B1+级别，阶段3达到B2级别。本书包含12个单元，每个单元都有特定的主题，涵盖欧标德语考试的所有相关主题，以帮助读者能够在不同主题背景下训练四项语言基本技能 。在每个单元开始都有词汇与语法的专项练习部分。这部分涉及的词汇和语法结构并不是独立出现，而是由本单元内阅读及听力部分涉及的重要词汇及语法结构引出。同时结合B1至B2语言级别内常见的典型语法点，按照难度递增的原则来学习，也可帮助读者练习及巩固试题中常出现的词汇和语法现象。模拟试题部分，1—4单元题型与新版欧标歌德B1考试试题相匹配；5—12单元与新版欧标歌德B2考试试题相匹配。因此，本书从内容设置及题目形式上均与欧标歌德B1、B2考试一致。读者也能够使用本书准备与考试相关的所有主题，熟悉考试形式与题目设置。本书选用的阅读与听力文章均取自德国出版的报刊、图书或新闻媒体网站，力求选题真实、语言规范。在此基础上编者对原版文章内容进行修改和调整，并编制模拟试题及词汇语法练习。

　　本书可以和市面上任何一套中级德语欧标教材配合使用，根据每部分练习所提供的参考时间，可用于德语课上做练习使用，也可以供读者自学使用，既可以系统地做完全部12个单元的练习，也可以有针对性地挑选特定主题或特定语法结构进行练习，复习和巩固自己学习中相对薄弱的环节。同时，教师在系统引入及解析完B2试题后，可使用本书练习进行模拟实训，以反馈课堂的教学效果，更好地辅助学生完成备考。书中所有的写作模拟试题，都提供了范文供读者参考。

　　本书由上海理工大学中德国际学院的教师团队编写，四位编者均任教大学德语十余年，熟悉歌德B1、B2考试题型及题材，具有丰富的指导学生备考的经验。在编写的过程中，编者几易其稿，务求完善，但仍有可能存在疏漏之处。欢迎各位老师和同学批评指正，以便在今后修订时加以改进。

编　者

2022年4月

Inhalt 目录

单元及模块概览 1

Einheit 1 Alltag und Routine 3

Wortschatz und Struktur 3

Modellsatzübung Lesen Teil 3 6

Modellsatzübung Lesen Teil 5 10

Modellsatzübung Hören Teil 1 12

Modellsatzübung Hören Teil 3 14

Modellsatzübung Schreiben Teil 1 15

Modellsatzübung Schreiben Teil 3 16

Modellsatzübung Sprechen Teil 1 17

Einheit 2 Freizeit und Sport 18

Wortschatz und Struktur 18

Modellsatzübung Lesen Teil 1 21

Modellsatzübung Lesen Teil 5 24

Modellsatzübung Hören Teil 2 26

Modellsatzübung Hören Teil 4 27

Modellsatzübung Schreiben Teil 3 28

Modellsatzübung Sprechen Teil 1 29

Einheit 3 Ausbildung und Beruf 30

Wortschatz und Struktur 30

Modellsatzübung Lesen Teil 2 33

Modellsatzübung Lesen Teil 4 36

Modellsatzübung Hören Teil 1 38

Modellsatzübung Hören Teil 3 40

Modellsatzübung Schreiben Teil 2 41

Modellsatzübung Sprechen Teil 2 42

Modellsatzübung Sprechen Teil 3 43

Einheit 4 Länder und Reisen..44

Wortschatz und Struktur 44

Modellsatzübung Lesen Teil 1..47

Modellsatzübung Lesen Teil 3..49

Modellsatzübung Hören Teil 2..53

Modellsatzübung Hören Teil 4..54

Modellsatzübung Schreiben Teil 1..55

Modellsatzübung Schreiben Teil 2..56

Modellsatzübung Sprechen Teil 2..57

Modellsatzübung Sprechen Teil 3..58

Einheit 5 Kunst und Kultur..59

Wortschatz und Struktur 59

Modellsatzübung Lesen Teil 2..62

Modellsatzübung Lesen Teil 5..65

Modellsatzübung Hören Teil 2..67

Modellsatzübung Hören Teil 4..69

Modellsatzübung Schreiben Teil 2..71

Modellsatzübung Sprechen Teil 2..72

Einheit 6 Medien und Informationen..73

Wortschatz und Struktur 73

Modellsatzübung Lesen Teil 1..76

Modellsatzübung Lesen Teil 4..79

Modellsatzübung Hören Teil 3..82

Modellsatzübung Hören Teil 4..84

Modellsatzübung Schreiben Teil 1..86

Modellsatzübung Sprechen Teil 1..87

Einheit 7 Gesundheit und Medizin..88

Wortschatz und Struktur 88

Modellsatzübung Lesen Teil 2..92

Modellsatzübung Lesen Teil 4..94

Modellsatzübung Hören Teil 1 97

Modellsatzübung Hören Teil 2 99

Modellsatzübung Schreiben Teil 1 101

Modellsatzübung Sprechen Teil 1 102

Einheit 8 Studium und Arbeitswelt 103

Wortschatz und Struktur 103

Modellsatzübung Lesen Teil 3 107

Modellsatzübung Lesen Teil 5 111

Modellsatzübung Hören Teil 3 113

Modellsatzübung Schreiben Teil 2 114

Modellsatzübung Sprechen Teil 2 115

Einheit 9 Menschen und Beziehungen 116

Wortschatz und Struktur 116

Modellsatzübung Lesen Teil 1 119

Modellsatzübung Lesen Teil 4 122

Modellsatzübung Hören Teil 1 125

Modellsatzübung Hören Teil 3 127

Modellsatzübung Schreiben Teil 2 128

Modellsatzübung Sprechen Teil 2 129

Einheit 10 Natur und Klima 130

Wortschatz und Struktur 130

Modellsatzübung Lesen Teil 2 133

Modellsatzübung Lesen Teil 4 135

Modellsatzübung Hören Teil 3 138

Modellsatzübung Schreiben Teil 1 139

Modellsatzübung Sprechen Teil 1 140

Einheit 11 Technik und Fortschritt 141

Wortschatz und Struktur 141

Modellsatzübung Lesen Teil 3 145

Modellsatzübung Lesen Teil 5 149

Modellsatzübung Hören Teil 2 151

Modellsatzübung Hören Teil 4 153

Modellsatzübung Schreiben Teil 1 155

Modellsatzübung Sprechen Teil 1 156

Einheit 12 Sprache, Gesellschaft und Wirtschaft 157

Wortschatz und Struktur 157

Modellsatzübung Lesen Teil 1 161

Modellsatzübung Hören Teil 1 164

Modellsatzübung Hören Teil 4 166

Modellsatzübung Schreiben Teil 2 168

Modellsatzübung Sprechen Teil 2 169

Lösungen 170

Texttranskriptionen 192

Quellenverzeichnis 230

单元及模块概览

模块	第一阶段 B1水平				第二阶段 B1+水平	
	1单元	2单元	3单元	4单元	5单元	6单元
阅读	Alltag und Routine	Freizeit und Sport	Ausbildung und Beruf	Länder und Reisen	Kunst und Kultur	Medien und Information
Teil 1						
Teil 2						
Teil 3						
Teil 4						
Teil 5						
听力						
Teil 1						
Teil 2						
Teil 3						
Teil 4						
写作						
Teil 1						
Teil 2						
Teil 3						
口语						
Teil 1						
Teil 2						
Teil 3						

模块	第二阶段			第三阶段		
	B1+水平			B2水平		
	7单元	8单元	9单元	10单元	11单元	12单元
	Gesundheit und Medizin	Studium und Arbeitswelt	Menschen und Beziehungen	Natur und Klima	Technik und Fortschritt	Sprache, Gesellschaft und Wirtschaft
阅读						
Teil 1						
Teil 2						
Teil 3						
Teil 4						
Teil 5						
听力						
Teil 1						
Teil 2						
Teil 3						
Teil 4						
写作						
Teil 1						
Teil 2						
Teil 3						
口语						
Teil 1						
Teil 2						
Teil 3						

Einheit 1 Alltag und Routine

Wortschatz und Struktur

1. Welche Adjektive passen? Ergänzen Sie und vergessen Sie bitte die Adjektivendungen nicht!

(welt)lang	(welt)groß	praktisch	preisgünstig	traditionell	bequem
technologisch	führend	schnell	modern	bargeldlos	gesamt	ausgewiesen

Von „Made in China" zu „Created in China"

In den letzten Jahren haben eine Reihe von (1)_____ Innovationen Chinas ihre Schritte in der Welt gemacht. Darunter zeichnen sich Sharing-Fahrräder, Hochgeschwindigkeitseisenbahn, Alipay und Internethandel durch den Ruf als Chinas „vier große neue Erfindungen" in der (2) _____ Zeit aus, die das Alltagsleben der Menschen immer bequemer und (3) _____ gestaltet haben.

Sharing-Fahrräder

Im Vergleich zu (4) _____ Leihfahrrädern ermöglichen docklose Sharing-Fahrräder, sie einfach überall auf der Straße abzuholen und wieder abzustellen anstatt bei (5) _____ Standorten. Durch die Kombination von GPS, Smartphone-Apps, Mobile Payment und Internettechnologie bietet Chinas System von docklosen Leihfahrrädern der Öffentlichkeit eine bequeme und (6) _____ Transportalternative.

Hochgeschwindigkeitseisenbahn

China hat das (7) _____ Hochgeschwindigkeitsnetz. Die Hochgeschwindigkeitszüge, die als Aushängeschild für China gelten, fahren 250 bis 350 Kilometer pro Stunde. Bis Ende 2016 wurden darauf 2.595 Hochgeschwindigkeitszüge betrieben, die 60 Prozent der (8) _____ Hochgeschwindigkeitszüge weltweit einnahmen.

Alipay

Alipay, 2004 von Chinas Internethandelsgigant Alibaba Group gegründet, ist Chinas (9) _____ _____ Online-Zahlungs-Service. Auf der Alipay-App kann man beim Einkaufen per Scan des Codes bezahlen. Derartige (10) _____ Methode ermöglicht es China, sich seinen Weg hin zu einer (11) _____ Gesellschaft zu bahnen.

Internethandel

Mit rund 731 Millionen Internetnutzern ist China der (12) _____ und am (13) _____ wachsende Internethandelsmarkt. Internethandel nimmt im Jahr 2020 einen Anteil von knapp 25 Prozent der gesamten Einzelhandelsumsätze in China ein.

2. **Welche Adjektive passen? Achten Sie auf die Präpositionen und ergänzen Sie.**

> abhängig   befreundet   entschlossen   interessiert   schuld
>
> angewiesen   erstaunt   neugierig   traurig   verliebt

a. Hast du schon gehört? Julia ist jetzt in Jakob _____.

b. Martin ist sehr _____ über das schlechte Prüfungsergebnis.

c. Nach dem Studium ist Sven nicht mehr von seinen Eltern _____.

d. Erik sieht so aus, als wäre er zum Auslandstudium _____.

e. Seit einem Jahr ist Familie Steffens auf fremde Hilfe _____.

f. Die Polizei findet sicher heraus, wer an dem Autounfall _____ ist.

g. Ich bin _____ an dem Angebot.

h. Katharina ist _____ auf ihre Geburtstagsgeschenke.

i. Ich bin _____ über all die falschen Dinge, die geschrieben wurden und nichts mit der Realität zu tun haben.

j. Max ist seit vielen Jahren mit meinem Mann _____.

3. Ordnen Sie die Adjektive aus Aufgabe 2 mit festen Präpositionen in den Kasten ein. Suchen Sie passende Ergänzungen.

Adjektiv + Präposition + Dativ	Adjektiv + Präposition + Akkusativ

4. Fernsehprogramm. Was passt? Ordnen Sie die Sendung zu.

1) Krimi _____   5) Dokumentation _____

2) Talkshow _____   6) Kindersendung _____

3) Komödie _____   7) Nachrichten _____

4) Sportsendung _____   8) Quiz-Sendung _____

a. 14.05 **Eiskunstlauf**
Olympische Spiele, 2022
Eiskunstlauf: Damen Kür

b. 16.00 **Unerschrocken!**
Echte Heldinnen
Animationsserie, F 2020
Leymah Gbowee

c. 16.30 **Kryger bleibt Krueger**
TV-Komödie, D 2020

d. 18.00 **Wer weiß denn sowas?**
Quiz, D 2021

e. 19.55 **Börse vor acht**
Börsenbericht, 2022

f. 20.00 **Tagesschau**
Nachrichten, D 2022
Mit Wetter

g. 20.15 **Dr. Hoffmann –**
Die russische Spende
Krimiserie, D 2021

h. 21.15 **Uta Danella:**
Der schwarze Spiegel
Familiendrama D 2021

i. 22.35 **Anne Will**
Politiktalk, D 2022
LIVE

j. 23.45 **Terra X: Gigant der Kunst**
Vincent Van Gogh
Dokumentationsreihe D 2021

vorgeschlagene Arbeitszeit: 10 Minuten

Modellsatzübung Lesen Teil 3

Lesen Sie die Situationen 1 bis 7 und die Anzeigen a bis j aus verschiedenen deutschsprachigen Medien.

Wählen Sie: Welche Anzeige passt zu welcher Situation? Sie können **jede Anzeige nur einmal** verwenden.

Die Anzeige aus dem Beispiel können Sie nicht mehr verwenden. Für eine Situation gibt es **keine passende Anzeige**. In diesem Fall schreiben Sie **0**.

Sie haben einige ältere Bekannte, die nach passenden Angeboten suchen.

Beispiel

0. Oskar ist Biologiestudent und sucht passende Fachliteratur für wissenschaftliche Arbeiten.　　Anzeige:　f

1. Natalie liest sehr gern, besonders klassische Literatur und Liebesromane. Aber Neuerscheinungen wären ihr zu teuer.　　Anzeige:

2. Sofia möchte einen Kochkurs in Italien machen. Sie lernt jetzt in einem A1-Sprachkurs Italienisch und hätte gern noch einige Bücher dafür.　　Anzeige:

3. Monika sucht ein günstiges Fahrrad für ihren 3-jährigen Sohn Timo.　　Anzeige:

4. Andreas möchte seine Lego Einzelteilen, komplette Lego Sets verkaufen. Alle sind gebraucht, aber gereinigt und geprüft.　　Anzeige:

5. Robin ist in eine neue Wohnung umgezogen und sucht ein paar günstige Möbel.　　Anzeige:

6. Susanne sucht für ihre zwei Kinder (3 und 6) Stofftiere, die nicht neu aber sauber und gut gepflegt sein müssen.　　Anzeige:

7. Martin ist Hobbykoch und sammelt nun vegetarische Rezepte.　　Anzeige:

a. Wir bieten ein Laufrad von Hudora an. Es ist gebraucht, weist Gebrauchsspuren auf und die Reifen halten die Luft nicht mehr andauernd (diese müsste man erneuern).
Kein Versand. Nur Abholung oder Übergabe im Rheingau oder in Wiesbaden.
Bei Fragen bitte einfach melden.

b. **Secondhand- Börse für Hi-Fi-Schallplatten**
Stände ausgebucht, bei trockenem Wetter zusätzliche Stände außen möglich, Kuchenverkauf nur zur Mitnahme
Sa. 2. Mai, 10-18Uhr,
Marktplatz Ulm

c. Wir haben eine schöne Kiste mit Büchern zusammengestellt, viele Romane u.a. auch Krimis.
Neupreis über 600€, wir verkaufen sie alle für 215€.
Die Bücher sind alle in gutem bis sehr gutem Zustand. Bei weiteren Fragen einfach melden. Privatverkauf, d.h. keine Garantie oder Rücknahme.

d. **Kinder-Flohmarkt Ahlerstedt**
Saalflohmarkt: 07. Mai
Anmeldung ab 01. März 9.00 Uhr
Anmelden können Sie sich unter folgenden Telefonnummern:
Bitte immer erst ab 9 Uhr anrufen
04616/ 315 oder 04616/ 5999

e. **„Das Sprachbuch" Klasse 3 oder 4 + zugehöriges Arbeitsheft mit dem Bären Bibu**
unbenutzt, wurde nur zur Unterrichtsvorbereitung genutzt, leichte Lagerungsspuren, sonst neuwertig
9 € mit Versand je Jahrgangsstufenpaket
Zahlbar per Überweisung oder Paypal Freunde.

f. **Lehrbuch der Allgemeinen Botanik von Hermann von Guttenberg**
zweite Auflage von 1952 aus dem Akademie-Verlag Berlin.
Zustand: „Gut".
Es gab einen Feuchteschaden, der an den unteren 5 cm des Buches zu sehen sind.
Selbstabholung in Jena bevorzugt oder Versand für 7,00€ in Vorkasse.

g. **Aus Haushaltsauflösung noch zu verschenken:**
Geschirr und Besteck, Küchentisch mit 4 Stühlen, Kochbücher, Bettwäsche, am Sa. den 20. 6., von 10-13 Uhr Gartenweg 7, 97228 Bräuheim, Fam. Schneider, Tel. 018/21423789

h. **10 Bänder Kochbuch, Komplettpreis 15 €**
ein vielseitiges Nachschlagewerk mit vielen Rezepten für jeden Bedarf
Die Kochbücher weisen Gebrauchspuren auf, einige Bücher mehr, andere weniger, da sie benutzt wurden. Einige Seiten sind lose, aber sie sind komplett.

i. **Stofftiere**
Gesamtstückzahl 55. Sehr gepflegte, sehr sauber, nur zur Deko dienten, und nicht als Spielzeug für Kinder. Alle gewaschen und getrocknet.
Gesamtpreis wird angezeigt, für alle abgebildeten Stofftiere und noch einige mehr!
Bezahlung nur mit Paypal oder Banküberweisung mit komplett vollständiger Adresse!

j. Ich verkaufe 4 gebrauchte Bücher in italienischer Sprache für Anfänger. Die sind in ausgezeichnetem Zustand, fast neu. Der Neupreis dieser Bücher beträgt 78€. Ich verkaufe sie alle für 30€ verhandelbar.
Nur Abholung.

vorgeschlagene Arbeitszeit: 10 Minuten

Modellsatzübung Lesen Teil 5

Lesen Sie die Aufgaben 1-4 und den Text dazu.

Wählen Sie bei jeder Aufgabe die richtige Lösung a, b oder c.

Sie möchten das Magazin *Deutsch lernen* abonnieren und informieren sich darüber.

Deutsch lernen im Abo:

Mit *Deutsch lernen* trainieren Sie Ihre Sprachkenntnisse umfassend und erfahren gleichzeitig spannende Details über das Leben in den deutschsprachigen Ländern. Aktuelle Themen, wie Kultur, Gesellschaft oder der Alltag in Deutschland, Österreich und der Schweiz, werden mit unterschiedlichen Übungen zu Grammatik, Wortschatz und Vokabeln kombiniert.

Häufig gestellte Fragen

Wann wird meine erste Ausgabe geliefert?

Bei der Bestellung können Sie auswählen, mit welcher Ausgabe Ihr Abonnement starten soll. Sollten Sie bei der Bestellung eines Abonnements nicht angeben, ab welcher Ausgabe die Lieferung erfolgen soll, erfolgt die Lieferung mit der nächstmöglichen Ausgabe, welche vom Erscheinungstermin abhängt.

Muss ich für die Lieferung extra zahlen?

Lieferungen im Rahmen von Abonnements erfolgen innerhalb Deutschlands, Österreichs und der Schweiz versandkostenfrei. Die Versandkosten für andere Länder entnehmen Sie bitte der Anzeige im Bestellprozess.

Gibt es einen Sonderpreis für Schüler und Studenten?

Ja. Die Preise finden Sie in unserem Online-Shop. Der/Die Rechnungsempfänger/-in muss Schüler/-in, Student/-in, Zivildienstleistende/-r, Auszubildende/-r oder Referendar/-in sein. Einen entsprechenden Nachweis (Kopie genügt) können Sie uns per E-Mail an die Adresse abo@sprachleicht-verlag.de schicken.

Gibt es zusätzliche Übungen zu Grammatik und Wortschatz?

Zu jedem Magazin gibt es ein Übungsheft, das nicht im Handel erhältlich ist. Sie können das Übungsheft kostenpflichtig unter Angabe Ihrer Auftragsnummer per E-Mail an abo@ sprachleicht-verlag.de bestellen.

Kann die Lieferung meines Abonnements unterbrochen werden?

Ja. Bitte teilen Sie uns über das Kontaktformular rechtzeitig den Zeitraum mit, in dem wir Sie nicht beliefern sollen. Das Abonnement verlängert sich dann automatisch um diesen Zeitraum. Wir bieten Ihnen auch die Möglichkeit, sich das Abonnement gegen Erstattung etwaiger Mehrkosten an Ihre Urlaubsanschrift senden zu lassen.

Wie kann ich mein Abo kündigen?

Sie möchten Ihr Abonnement kündigen? Das bedauern wir sehr! Unser Kundenservice nimmt Ihre Kündigung telefonisch entgegen. Digital-Abos können direkt über unseren Online-Shop abgeschlossen werden.

1. Wann wird die erste Ausgabe geliefert?

   a. Als die erste Ausgabe bekommt man die aktuelle Ausgabe.

   b. Für die erste Ausgabe kann man sich selbst entscheiden.

   c. Die erste Ausgabe bekommt man zum nächstmöglichen Erscheinungstermin.

2. Wie wird die Lieferung berechnet?

   a. Man muss dafür extra zahlen.

   b. Die Lieferung ist kostenlos.

   c. Innerhalb von DACH-Ländern gibt es keine Versandkosten.

3. Welche Übungen werden zusätzlich angeboten?

   a. Es gibt keine zusätzlichen Übungen zu Grammatik und Wortschatz.

   b. Es werden zusätzliche Übungen zu Grammatik und Wortschatz kostenlos angeboten.

   c. Es werden Übungshefte angeboten, für die man extra bezahlen muss.

4. Wie kann man sein Abo kündigen?

   a. Man muss den Verlag anrufen.

   b. Man muss dem Kundenservice die Kündigung per E-Mail schicken.

   c. Man muss zuerst die Lieferung unterbrechen.

Modellsatzübung Hören Teil 1

Sie hören nun fünf kurze Texte. Sie hören jeden Text **zweimal**. Zu jedem Text lösen Sie zwei Aufgaben. Wählen Sie bei jeder Aufgabe die richtige Lösung.

Lesen Sie zuerst die Aufgabe. Dazu haben Sie 10 Sekunden Zeit.

Text 1

1. Es geht um eine Werbung für ein Radio. | Richtig | Falsch |

2. Wie kann man das Radio bekommen?

    a. am Gewinnspiel teilnehmen

    b. bei „Hallo Schlager Radio" kaufen

    c. „Hallo Schlager Radio" anrufen

Text 2

3. Montags hat das Restaurant Ruhetag. | Richtig | Falsch |

4. Wann wird Mittagessen angeboten?

    a. jeden Tag von 11:30-14:00 Uhr

    b. Dienstag - Freitag von 11:30-14:00 Uhr

    c. Montag - Freitag von 11:30-14:00 Uhr

Text 3

5. Der Flug wird voraussichtlich 30 Minuten verspätet in Frankfurt landen. | Richtig | Falsch |

6. Die Fluggäste ...

    a. müssen sitzen bleiben, solange die Anschallzeichen erloschen sind.

    b. können sich über Flugsicherung informieren.

    c. werden neue Informationen vom Piloten bekommen.

Text 4

7. Die Nachricht ist für Autofahrer in Berlin und in Stuttgart. Richtig Falsch

8. In Stuttgart …

    a. darf man nur mit 20Km/h fahren.

    b. ist rechter Fahrstreifen gesperrt.

    c. gibt es bis nach Aichelberg stockenden Verkehr.

Text 5

9. Die Fahrradtour fällt wegen des schlechten Wetters aus. Richtig Falsch

10. Was haben sie morgen vor?

    a. mit der Bahn reisen

    b. zum Bahnhof fahren

    c. die Kunstgalerie besuchen

Modellsatzübung Hören Teil 3

Sie hören nun ein Gespräch. Sie hören das Gespräch **einmal**. Dazu lösen Sie sieben Aufgaben.

Wählen Sie: Sind die Aussagen richtig oder falsch?

Lesen Sie jetzt die Aufgaben 1 bis 7. Dazu haben Sie 60 Sekunden Zeit.

Sie sitzen im Zug und hören, wie sich zwei Studierende über das erste Jahr in Deutschland unterhalten.

1. Sie haben Plätze im Waggon 8 reserviert. Richtig Falsch

2. Estella findet, dass es in Deutschland viel kälter ist als in Finnland. Richtig Falsch

3. Mit 5 Jahren schaute sich Estella deutsche Sendungen an. Richtig Falsch

4. Estella findet das Leben in Deutschland langweilig. Richtig Falsch

5. In Finnland versuchen Menschen, alles selbst zu machen. Richtig Falsch

6. Während des Bachelorstudiums war Estella ein Jahr in Deutschland. Richtig Falsch

7. Estella studiert jetzt an der Universität Paderborn. Richtig Falsch

vorgeschlagene Arbeitszeit: 20 Minuten

Modellsatzübung Schreiben Teil 1

Sie sind umgezogen und haben eine Party in Ihrem neuen Zuhause gemacht. Ein guter Freund/ Eine gute Freundin von Ihnen konnte leider nicht kommen. Schreiben Sie ihm/ihr.

- Beschreiben Sie: Wie war die Party?

- Erzählen Sie: Welches Geschenk hat Ihnen am besten gefallen?

- Laden Sie Ihren Freund/Ihre Freundin zum Besuch ein.

Schreiben Sie eine E-Mail (circa 80 Wörter).

Schreiben Sie etwas zu allen drei Punkten.

Achten Sie auf den Textaufbau (Anrede, Einleitung, Reihenfolge der Inhaltspunkte, Schluss).

vorgeschlagene Arbeitszeit: 15 Minuten

Modellsatzübung Schreiben Teil 3

Sie haben am nächsten Montag einen Termin mit Ihrem Chef Herrn Kaufmann über Gehaltserhöhung. Sie können aber nicht kommen.

Schreiben Sie an Herrn Kaufmann. Erklären Sie ihm höflich, warum Sie zum vereinbarten Termin nicht kommen können und schlagen Sie einen neuen Termin vor.

Schreiben Sie eine E-Mail (circa 40 Wörter).

Vergessen Sie nicht die Anrede und den Gruß am Schluss.

vorgeschlagene Arbeitszeit: 15 Minuten

Modellsatzübung Sprechen Teil 1

Gemeinsam etwas planen

Ein Freund und Sie sind Mitglieder in einem Sozialprojekt. Sie wollen eine Straßenparty oder ein Straßenfest organisieren. Sie treffen sich und planen die Straßenparty oder das Straßenfest.

Sprechen Sie über die Punkte unten, machen Sie Vorschläge und reagieren Sie auf die Vorschläge Ihres Gesprächspartners/Ihrer Gesprächspartnerin.

Planen und entscheiden Sie gemeinsam, was Sie tun möchten.

Eine Straßenparty oder ein Straßenfest planen

- Wann?

- Essen und Getränke?

- Musik?

- Programm für Kinder?

- ...

Einheit 2 Freizeit und Sport

1. *Wohin gehen Sie, wenn Sie ...* Suchen Sie passende Ausdrücke aus dem Schüttelkasten und verbinden Sie dann die Sätze. Es gibt mehrere Möglichkeiten.

a. tanzen wollen	ins Schwimmbad
b. sich mit Freunden treffen wollen	in die Disco
c. Musik hören wollen	in den Park
d. schwimmen wollen	ins Theater
e. Tiere sehen wollen	ins Kino
f. spazieren gehen wollen	ins Einkaufszentrum
g. ein Theaterstück sehen wollen	in die Kneipe
h. eine Ausstellung sehen wollen	ins Restaurant
i. einen Film sehen wollen	ins Stadion
j. grillen wollen	in die Bibliothek
k. ein neues Kleid kaufen wollen	auf den Sportplatz
l. ein Bier trinken wollen	in die Berge
m. Hunger haben	
n. ein Fußballspiel sehen wollen.	
o. lesen wollen	
p. faulenzen wollen	
q. Sport treiben wollen	
r. wandern wollen	

2. Sehen Sie sich die Bilder an. Um welche Sportarten geht es? Notieren Sie die Sportarten.

3. Welche Sportarten werden hier beschrieben? Notieren Sie.

a. _____ ist eine Mannschaftssportart, die mit zehn Spielern und einem Torwart auf einem etwa 105 m langen und 65 m breiten Sportplatz gespielt wird. Ziel des Spiels ist es, den Spielball in das gegnerische Tor zu befördern.

b. _____ ist die Kunst der Körperbewegungen. Es gibt z.B. morgendliche, rhythmische und künstliche _____.

c. Beim _____ bewegt man sich aus eigener Kraft im Wasser fort.

d. _____ ist eine Ballsportart, bei der zwei Mannschaften versuchen, den Spielball in die Körbe zu werfen.

e. _____ ist ein Wassersport, bei dem der gesamte Körper unter der Wasseroberfläche ist und man entsprechende Ausrüstung mitbringt.

f. Der Begriff _____ bezeichnet eine moderne Extremsportart, bei der man von einem Gummiseil befestigt ist und dann von einem hohen Bauwerk in die Tiefe springt. Dabei macht man auch die Erfahrung von „dem freien Fall".

g. _____ ist eine Form des Laufsports, bei dem man entspannt in relativ geringem Tempo läuft.

h. _____ ist eine Ballsportart. Das wurde erstmals Ende des 19. Jahrhunderts in England gespielt und hieß damals „Ping Pong". Heute ist das in China ganz beliebt und zum Volkssport Nr. 1 in China geworden.

4. **Kennen Sie Passiversatz? Wandeln Sie die folgenden Sätze aus einer Hausordnung für die Sporthalle in Passivsätze um.**

> Passiversatz: sein + zu = müssen/ können/dürfen + Partizip II + werden

a. Der Sportboden ist mit einem geeigneten Schutzbelag abzudecken.

_____

_____

b. Sportgeräte etc. sind nicht ohne Zustimmung der Gemeinde aus den Hallen zu entfernen.

_____

_____

c. Alle Außentüren, sowie alle Fenster sind während der Heizperiode (Oktober bis April) geschlossen zu halten.

_____

_____

d. Der nordseitig gelegene Sportlereingang ist auch außerhalb der Heizperiode geschlossen zu halten.

_____

_____

e. Bei wiederholten Verstößen ist eine Person oder Gruppe durch die Gemeinde von der Benutzung der Halle auszuschließen.

_____

_____

Modellsatzübung Lesen Teil 1

Lesen Sie den Text und die Aufgaben 1 bis 6 dazu. Wählen Sie: Sind die Aussagen richtig oder falsch?

Als ich mit Yoga anfing, hatte ich eigentlich nur im Sinn, meinen Rücken zu stärken. Nach einem Reitunfall war ich stark eingeschränkt in Bewegung und als Schmerzpatientin litt ich unter einer Depression.

Yoga ist gesund – das belegen viele Studien, die die Wirkungen von Yoga auf den gesamten Organismus untersuchten. Mit Yoga kann man auch ganz gezielt seinen Stoffwechsel „anfeuern" und den Darm unterstützen. Denn Yoga ist viel mehr als sanfte Entspannung. Zunächst spürte ich nur, dass ich körperlich stabiler wurde. Aber mit fortschreitender Yoga-Praxis wurde ich auch selbstbewusster, mutiger, hatte mehr Durchhaltevermögen und mehr Vertrauen in meinen Weg. Das lag daran, dass ich mit bestimmten Übungen mein Manipura-Chakra gestärkt hatte. Das Manipura-Chakra ist mit den Verdauungsorganen verbunden: Magen, Leber, Darm usw., also die Organe, die auch für die Entgiftung des Körpers zuständig sind. Es ist quasi die „innere Sonne", die einen mit Energie und Wärme versorgt, mit Mut und Selbstvertrauen.

Nebenbei habe ich auch noch die 8 Kilo abgenommen, die ich seit meinem Unfall zugelegt hatte. Ich änderte mein Leben komplett und so wurde aus der Journalistin die Yogalehrerin und Life Balance-Coach von heute! Wenn man langfristig gesund bleiben möchte, macht einem ein „angekurbelter" Stoffwechsel das Leben leichter. Bestimmte Yogaübungen kräftigen und trainieren auf sanfte Weise die Muskeln, sie regen den Stoffwechsel an, stärken den Geist und damit das Durchhaltevermögen. Der perfekte Weg also, um auf gesunde Weise den Stoffwechsel zu unterstützen. Und damit auch den Darm. Und wenn man mehr Muskel-Kraft hat, fühlt man sich auch kraftvoller in allen anderen Bereichen seines Lebens. Ein guter Stoffwechsel sorgt dafür, dass man sich insgesamt besser fühlt, freier und leichter und obendrein kann man auch mehr essen...;-)

Für mich muss es immer ein bisschen effektiv sein, das heißt kurz. Die tägliche Yoga-Einheit ist bei mir in der Regel nicht länger als 15 Minuten. So stelle ich sicher, dass ich mir immer Zeit dafür nehme. Ich nenne sie „meine Life Saving Sequence". Es ist ein Flow, der meinen Körper durchbewegt und mir Kraft und Energie spendet.

Man kann diese Sequenz immer dann nutzen, wenn man wenig Zeit hat, aber sich unbedingt bewegen möchte. Mein Tipp: Am besten direkt vor dem Essen üben, das dämpft den Hunger. Am Anfang könnte es einem schwerfallen, aber wenn man öfter übt, wird sich das schnell geben. Wenn man es intensiver braucht, kann man diese Sequenz natürlich auch mehrfach hintereinander üben. Viel Spaß dabei!

Beispiel

0. Sie macht Yoga, weil sie damit gegen Depression kämpfen möchte. | Richtig | | ~~Falsch~~ |

1. Wegen eines Reitunfalls war sie so verletzt, dass sie sich kaum bewegen konnte.

| Richtig | Falsch |

2. Yoga gilt ausschließlich als sanfte Entspannung. | Richtig | Falsch |

3. Das Manipura-Chakra ist für die Entgiftung des Körpers verantwortlich. | Richtig | Falsch |

4. Als sie Yogalehrerin war, hat sie 8 Kilo abgenommen. | Richtig | Falsch |

5. Ein guter Stoffwechsel ermöglicht es, dass man mehr essen kann. | Richtig | Falsch |

6. Die „Life Saving Sequenz" darf man nicht länger als Viertelstunde nutzen. | Richtig | Falsch |

vorgeschlagene Arbeitszeit: 10 Minuten

Modellsatzübung Lesen Teil 5

Lesen Sie die Aufgaben 1 bis 4 und den Text dazu.

Wählen Sie bei jeder Aufgabe die richtige Lösung a, b oder c.

Hausordnung für die Sporthalle am See

1. Das Betreten der Sporthalle ist nur mit sauberen und geeigneten Hallenschuhen ohne abfärbende Besohlung gestattet, ansonsten ist der Sportboden mit einem geeigneten Schutzbelag abzudecken. Hierzu ist das Einvernehmen mit der Harder Sport- und Freizeitanlagen BetriebsgesmbH herzustellen.

2. Die Benützung der Halle ist nur zu den festgesetzten Zeiten gestattet (Training: Umkleiden 20 min vorher bis 30 min nachher). Eine Verlängerung dieser Zeiten ist grundsätzlich möglich, wenn im Anschluss keine Nutzung vorgesehen ist. Dies muss am darauffolgenden Arbeitstag der Sporthallenverwaltung gemeldet werden, ansonsten wird eine Pauschale der dreifachen Hallenmiete verrechnet. Dies gilt auch für nicht (an-)gemeldete Nutzungen. Für Garderobe wird keine wie immer geartete Haftung übernommen.

3. Alle Außentüren, sowie auch alle Fenster sind während der Heizperiode (Oktober bis April) geschlossen zu halten. Der nordseitig gelegene Sportlereingang ist auch außerhalb der Heizperiode geschlossen zu halten. Ein Offenhalten mittels Abfallbehälter oder ähnlichem ist strengstens untersagt.

4. In sämtlichen Räumen des Sporthallentraktes besteht ein absolutes Rauchverbot. Ausgenommen davon ist bei Veranstaltungen der Foyerbereich und Cateringbereich im 2. Obergeschoss, sofern kein ausdrückliches Rauchverbot kundgemacht wird.

5. Das Ballspielen ist ausschließlich in der Sporthalle gestattet.

6. Ohne verantwortliche Aufsicht bzw. eine dafür namhaft gemachte Person ist jede Benützung der Sporthalle untersagt.

7. Nach Benützung der Sporthalle sind die Turn- und Sportgeräte, sowie der zugehörige Zubehör (z.B. Bodendosendeckel etc.) in die Geräteräume abzustellen und auf Vollzähligkeit zu überprüfen. Die Hallengeräte sind ordnungsgemäß zu handhaben bzw. zu verwahren.

1. Man kann die Sporthalle betreten, wenn man …

   a. normale Hallenschuhe trägt.

   b. Schuhe mit Schutzbelag trägt.

   c. Schuhe mit hellen Sohlen trägt.

2. Rauchen ist in der Sporthalle …

   a. streng verboten.

   b. ausschließlich im Foyer- und Cateringbereich im 2. Obergeschoss möglich.

   c. im Sonderfall in bestimmten Bereichen möglich.

3. Die benutzten Sportgeräte müssen …

   a. nicht sofort weggeräumt werden.

   b. in der Halle abgestellt und gut bewahrt werden.

   c. komplett in die Geräteräume gebracht werden.

4. Man kann die Benützung der Sporthalle verlängern, indem …

   a. man sich vorher bei der Verwaltung anmeldet.

   b. man sich nachher bei der Verwaltung anmeldet.

   c. man die entsprechende Hallenmiete bezahlt hat.

Modellsatzübung Hören Teil 2

Sie hören nun einen Text. Sie hören den Text **einmal**. Dazu lösen Sie fünf Aufgaben. Wählen Sie bei jeder Aufgabe die richtige Lösung a, b oder c.

Lesen Sie jetzt die Aufgaben 1 bis 5. Dazu haben Sie 60 Sekunden Zeit.

1. Der Schwerpunkt im ersten Teil liegt darin, …

    a. Kinder stärker zu machen.

    b. Kinder zum Nachdenken zu fördern.

    c. dass Kinder mehr frisches Obst und Gemüse essen.

2. Beim Projekttag ist …

    a. gemeinsames Kochen und Essen entscheidend.

    b. Tisch- und Esskultur entscheidend.

    c. Beschäftigung mit Lebensmitteln und ihrer Produktion entscheidend.

3. Kinder, die sich nicht genug bewegen, …

    a. nehmen Informationen schwer wahr.

    b. sitzen vor dem PC oder Fernseher.

    c. haben alle Muskelprobleme.

4. In der aktiven Bewegung …

    a. sprechen Kinder über verschiedene Spiele.

    b. machen Kinder viele Aktivitäten zusammen.

    c. steigert das Rennen motorische Fähigkeiten der Kinder.

5. Ziel des Projekttages ist, …

    a. Stress abzubauen.

    b. gemeinsam etwas zu erleben.

    c. Kinder zur Bewegung zu motivieren.

Modellsatzübung Hören Teil 4

Sie hören nun eine Diskussion. Sie hören die Diskussion **zweimal**. Dazu lösen Sie acht Aufgaben.

Ordnen Sie die Aussagen zu: **Wer sagt was**?

Lesen Sie jetzt die Aussagen 1 bis 8. Dazu haben Sie 60 Sekunden Zeit.

Der Moderator der Sendung „Pro und Contra" diskutiert mit Daniel Kleim und Thorsten Folmer zum Thema „Ist Schulsport notwendig?".

Beispiel	Moderatorin	Daniel	Thorsten
0. Manche Maßstäbe sind im Sportunterricht auch etwas hoch angesetzt.	a.	̶b̶.	c.
1. Schüler müssen Sport treiben, weil sie eine gute Note anstreben.	a.	b.	c.
2. Über den Schulsport denkt jeder einzelne Schüler etwas Anderes.	a.	b.	c.
3. Viele Jugendliche bewegen sich in ihrer Freizeit selten.	a.	b.	c.
4. Viele Jugendliche sind nicht zur Erkenntnisse gekommen, dass Bewegung wichtig ist.	a.	b.	c.
5. Im Sportunterricht kann man viele Sportarten kennen lernen und üben.	a.	b.	c.
6. In der Mannschaft schämen sich manche Jugendliche auch vor sich selbst.	a.	b.	c.
7. Mannschaftssport kann sich positiv auf das Berufsleben auswirken.	a.	b.	c.
8. Manche Schüler können den Stellenwert des Schulsports nicht verstehen.	a.	b.	c.

vorgeschlagene Arbeitszeit: 15 Minuten

Modellsatzübung Schreiben Teil 3

Sie haben sich für einen Tanzkurs angemeldet. Zur ersten Stunde können Sie aber nicht kommen. Schreiben Sie an Ihrer Trainerin Frau Meyer. Erklären Sie ihr höflich, warum Sie da nicht erscheinen können und fragen Sie nach einem anderen Termin.

Schreiben Sie eine E-Mail (circa 40 Wörter).

Vergessen Sie nicht die Anrede und den Gruß am Schluss.

vorgeschlagene Arbeitszeit: 15 Minuten

Modellsatzübung Sprechen Teil 1

Gemeinsam etwas planen

Sie sind Mitglied in einer Fußballmannschaft. Am Wochenende möchte Ihre Mannschaft verreisen und Sie planen den Ausflug.

Sprechen Sie über die Punkte unten, machen Sie Vorschläge und reagieren Sie auf die Vorschläge Ihres Gesprächspartners/Ihrer Gesprächspartnerin.

Planen und entscheiden Sie gemeinsam, was Sie tun möchten.

Einen Ausflug planen

- Wann losfahren?

- Womit fahren?

- Welche Programme vor Ort?

- Wie hoch die Kosten?

- …

Einheit 3 Ausbildung und Beruf

Wortschatz und Struktur

1. Kompetenz im Beruf. Verbinden Sie.

1)	Selbstständigkeit	a.	Ich arbeite gerne mit den anderen Kollegen zusammen.
2)	Organisationsfähigkeit	b.	Ich bin locker und mache gerne Spaß.
3)	Kreativität	c.	Ich bin selbstbewusst.
4)	gepflegte Erscheinung	d.	Ich habe fantasievolle Ideen.
5)	einen guten Humor haben	e.	Ich kann auch alleine arbeiten.
6)	Pünktlichkeit	f.	Ich kann die Probleme von anderen sehr gut verstehen.
7)	Kommunikationsfähigkeit	g.	Ich kann gut mit problematischen Kunden umgehen.
8)	Einfühlungsvermögen	h.	Ich kann mich sehr gut an die neuen Sachen anpassen.
9)	Verantwortungsbewusstsein	i.	Ich kann sehr gut organisieren.
10)	Umgang mit Kritik	j.	Ich kann von meinen Fehlern lernen.
11)	offen für Neues	k.	Ich komme immer genau an meinem Arbeitsplatz an.

12)	Teamfähigkeit		l.	Ich sehe immer sauber aus.
13)	Flexibilität		m.	Ich spreche gerne mit den anderen.
14)	sicheres Auftreten		n.	Ich übernehme gerne die Verantwortung.
15)	Belastbarkeit		o.	Überstunden sind kein Problem für mich.

2. Das chinesische Schulsystem. Ergänzen Sie die Wörter aus dem Bild.

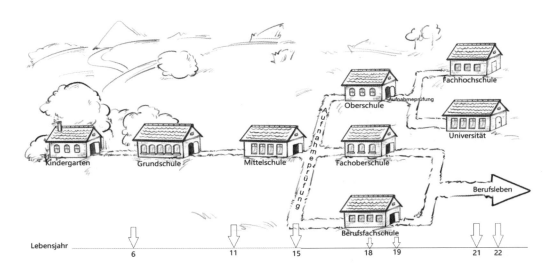

Heute gibt es in China eine neunjährige Schulpflicht, die die Grund- und Mittelschulen betrifft. Mit 6 Jahren wird man eingeschult. Zuvor geht man in den (1) _____ .

Die (2) _____ beträgt 6 Jahre, an manchen Orten fünf Jahre. Von 11 oder 12 bis 15 gehen die Jugendlichen in die Unterstufe der (3) _____ , die Sekundarstufe I. Im Anschluss daran dürfen die Eltern selbst entscheiden, welcher Weg eingeschlagen wird.

Es kann die dreijährige (4) _____ gewählt werden. Diese setzt eine (5) _____ voraus. Nach erfolgreichem Bestehen der Oberstufe steht man vor einer weiteren Entscheidung: Ein Studium entweder an der (6) _____ , die im Normalfall 4 Jahre andauert oder an der (7) _____ , die 3 Jahre beansprucht.

Diejenigen, die keine Oberschule besuchen, können auf eine (8) _____ bzw. auf

eine (9) _____ gehen. Die Ausbildung dort dauert 2 bis 4 Jahre. Danach folgt in
der Regel der direkte Einstieg in das Berufsleben.

3. Verbinden Sie die Sätze mit passenden Konjunktoren.

> und aber oder denn sondern

a. Sie hat einen Ausbildungsplatz bekommen _____ sie arbeitet seit Montag.

b. Sie arbeitet als Übersetzerin und Dolmetscherin, _____ sie spricht vier
   Sprachen.

c. In meiner Familie gibt es fünf Ärzte und Ärztinnen, _____ ich bin
   Rechtsanwalt.

d. Ich habe mein Bewerbungsschreiben nicht per Post geschickt, _____ ich
   habe es persönlich abgegeben.

e. Der Chef war sehr zufrieden, _____ eine Gehaltserhöhung hat er mir nicht
   genehmigt.

f. Die Journalistin schrieb über die Nachhaltigkeit _____ der Artikel war sehr
   erfolgreich.

g. Du kannst heute die Doppelschicht übernehmen _____ du übernimmst sie
   am Mittwoch.

h. Sie arbeitet nicht als Rezeptionistin, _____ sie arbeitet als Zimmermädchen.

vorgeschlagene Arbeitszeit: 20 Minuten

Modellsatzübung Lesen Teil 2

Lesen Sie den Text aus der Presse und die Aufgaben 1 bis 3 dazu.

Wählen Sie bei jeder Aufgabe die richtige Lösung a, b oder c.

Wie die Deutschen arbeiten

Gibt man „Die Deutschen arbeiten" in die Suchmaschine ein, schlägt sie automatisch diese drei Ergänzungen vor: „...zu viel", „...am härtesten", „...am meisten". Das klingt nach viel Stress. Und fragt man den Deutschen Gewerkschaftsbund, dann ist die Arbeit in deutschen Firmen wirklich kein Spaß. So lag die durchschnittliche Arbeitsqualität in Deutschland im letzten Jahr bei 61 von 100 möglichen Punkten.

Kritisiert werden besonders die Arbeitsbedingungen und die konstante Erreichbarkeit. Der Leistungsdruck sei so hoch, dass es immer mehr psychische Krankheiten gibt. In vielen Branchen sind berufliche E-Mails nach Feierabend das normal.

Aber: Die durchschnittlichen Arbeitsstunden sind seit 1970 immer weniger geworden, wie eine Analyse des Statistischen Bundesamtes zeigt. Damals leistete in Westdeutschland jeder Arbeitnehmer rund 1970 Arbeitsstunden. 2012 waren es in ganz Deutschland nur noch rund 1400 Arbeitsstunden pro Jahr. In kaum einem anderen Industrieland ist die Zahl so niedrig. Gleichzeitig ist die Produktivität gestiegen. Jeder Arbeitnehmer leistet also in der gleichen Arbeitszeit mehr als früher. Auch arbeitet jeder vierte Arbeitnehmer an Sonn- und Feiertagen. Nicht vergessen darf man außerdem die Überstunden: Im letzten Jahr arbeiteten die Deutschen insgesamt rund 1,4 Milliarden Stunden zu viel und machen damit in der Europäischen Union die meisten Überstunden. Und eine aktuelle Studie zeigt, dass weniger als die Hälfte davon bezahlt oder durch Freizeit ausgeglichen wird.

---

1. In diesem Text geht es darum, dass ...

    a. Arbeitnehmer in Deutschland keine Probleme haben.

    b. Fleiß typisch für die deutsche Arbeitskultur ist.

    c. die Deutschen viel und hart arbeiten.

2. Viele Arbeitnehmer leiden an psychischen Krankheiten, weil ...

   a. sie berufliche E-Mails in ihrer Freizeit bekommen.

   b. die Arbeit zu viel Platz im Leben der Deutschen einnimmt.

   c. sie viel Stress und Druck im Beruf haben.

3. Die Abnahme der durchschnittlichen Arbeitsstunden führt dazu, dass ...

   a. es der Wirtschaft gut geht.

   b. Arbeitnehmer in der gleichen Arbeitszeit mehr als früher leistet und Überstunden macht.

   c. Arbeitnehmer mehr Freizeit hat.

noch Teil 2

Lesen Sie den Text aus der Presse und die Aufgaben 4 bis 6 dazu.

Wählen Sie bei jeder Aufgabe die richtige Lösung a, b oder c.

Persönliche und berufliche Kontakte herzustellen und zu pflegen, ist im heutigen Berufsalltag elementar. Und genau darum geht es bei den Netzwerken. Es ist ein Begriff für den Aufbau und die Pflege eines eigenen Netzwerks, das aus beruflichen und oft auch persönlichen Kontakten besteht. Ziele des Netzwerkens sind nicht nur Wissens- und Informationsaustausch, sondern auch gegenseitige Hilfe. Man hofft, dadurch eigene berufliche Vorteile zu bekommen. Denn Erfolg hängt heute nicht mehr nur von der eigenen Leistung ab. Wer Fähigkeiten hat, ist auch davon abhängig, dass andere diese Fähigkeiten sehen. Schon bei der Jobsuche nach dem Studium oder der Ausbildung spielen Beziehungen und Kontakte oft eine Rolle, um einen guten Arbeitsplatz zu finden.

Die wichtigste Regel beim Netzwerken ist wahrscheinlich: „Geben und Nehmen." Netzwerken hat also Gedanken zur Basis wie: „Da hat mir jemand geholfen und an mich gedacht, also versuche ich, bald der anderen Person zu helfen, um etwas zurückzugeben." Der erste Schritt ist aber das Geben - anfangs sogar, ohne viel als Gegenleistung zu erwarten. Als ein guter Einstieg kann man z. B. jemandem einen interessanten und beruflich relevanten Artikel weiterleiten oder ihn oder sie auf ein interessantes Angebot aufmerksam machen. Auf Dauer ist es aber wichtig, nicht immer nur zu geben. Ist dies der Fall, sollten Sie sich überlegen, ob Sie die richtigen Netzwerkpartner gefunden haben oder ob Sie nicht lieber andere Kontakte suchen wollen.

---

4. In diesem Text geht es um ...

    a. Arten von Netzwerken.

    b. Tipps und Regeln bei den Netzwerken.

    c. effektives Netzwerk.

5. Wozu können Netzwerke nicht beitragen?

    a. Der eigenen Karriere Impulse zu geben.

    b. Die eigene Leistung zu verbessern.

    c. Neue Wissen und Informationen zu bekommen.

6. Welche Aussage über „Geben und Nehmen" ist richtig?

    a. Man sollte jemandem immer helfen, ohne Gegenleistungen zu erwarten.

    b. Wenn man nicht sofort zurückgibt, sollte man andere Kontakte suchen.

    c. Der Austausch von Wissen kann ein guter Einstieg sein.

vorgeschlagene Arbeitszeit: 15 Minuten

Modellsatzübung Lesen Teil 4

Lesen Sie die Texte 1 bis 7. Wählen Sie: Ist die Person für ein Verbot?

In einer Zeitschrift lesen Sie Kommentare zu einem Artikel über das Verbot von Schulnoten.

Beispiel

0. David   Ja   ~~Nein~~

1. Lilli	Ja	Nein	5. Anna	Ja	Nein
2. Vera	Ja	Nein	6. Jonas	Ja	Nein
3. Christa	Ja	Nein	7. Maria	Ja	Nein
4. Thomas	Ja	Nein			

Leserkommentare

Beispiel

Schulnoten liefern den Ausbildungsbetrieben als Auswahlkriterium Hinweise. Entscheidend sind das Bewerbungsgespräch oder ein erstes Praktikum. Zu den Zeugnisnoten wünschen sich viele Firmen daher außerdem Informationen über soziale und persönliche Kompetenzen der Jugendlichen.

David 46, Bremen

1. Die aktuelle Ausbildungsumfrage zeigt, dass fast 80 Prozent der Personalverantwortlichen zuerst auf das Zeugnis schauen, wenn sie Bewerber für ein Vorstellungsgespräch auswählen. Ein gutes Schulzeugnis ist für Schulabgänger ein wichtiges Startkapital bei der Suche nach einem Ausbildungsplatz. Denn Zeugnisse sind für Personalchef in den Firmen eine Übersetzungshilfe bei der Einschätzung, was ein Bewerber kann.

Lilli 30, Hamburg

2. Kein Kind mag schlechte Noten. Sie helfen nicht weiter, sie können Angst machen und entmutigen. Für mich als Lehrerin war es immer schwierig, eine sehr schlechte Note unter eine Arbeit zu schreiben- besonders dann, wenn ich genau erkannt hatte, wie sehr sich das Kind bemüht hatte.

Vera 42, Köln

3. Die Schulnoten sind ein für alle verständliches Mittel. Ein qualifiziertes Feedback ist für jeden Schüler und jede Schülerin wichtig, um auch selbst die eigene Leistung reflektieren zu können. Das ist auch wichtig bei der Berufsorientierung, wenn es um den Abgleich der Anforderungen eines bestimmten Berufs mit den eigenen Stärken geht.

Christa 22, Kiel

4. Die Diskussion ist fast so alt wie die Schule. Wissenschaftliche Studien zeigen seit vielen Jahren: Die Benotung ist weder objektiv noch vergleichbar, sondern unzuverlässig und ungerecht. Ihre Prognosekraft ist gering. Grund dafür ist, dass es kaum allgemeine Standards für die Einschätzungen der Schülerleistungen gibt, und diese daher oft von der subjektiven Perspektive der Lehrer abhängen.

Thomas 28, München

5. Ich finde den Vorschlag sinnvoll. Ich glaube, dass eine Schule, die jedem Kind beste Weiterentwicklung ermöglichen will, eine andere, eine individuelle Rückmeldekultur braucht. Ich würde mich sehr freuen, wenn individuelle Lernenentwicklungsberichte eingeführt werden könnten, weil sie meines Erachtens der bessere Weg sind, mit Kindern, Jugendlichen und ihren Eltern über den Leistungs- und Entwicklungsstand zu sprechen.

Anna 45, Düsseldorf

6. Die Ausbildungsbetriebe kritisieren immer wieder, dass man die Schulnoten von Bundesland zu Bundesland und sogar von Schule zu Schule nicht vergleichen kann. Aber meiner Meinung nach hängen auch andere Bewertungssysteme von der subjektiven Perspektive ab, solange es keinen bundesweit vergleichbaren Standard gibt. Durch Schulnoten sind die schulischen Leistungen besser einzuschätzen. Sie sollten daher nicht ausfallen.

Jonas 33, Berlin

7. Historisch gesehen waren Schulnoten nie ein pädagogisches Mittel. Sie dienten und dienen bis heute der Ausgrenzung der Kinder und weisen Berechtigungen für die Zukunft zu. Die Gruppe der Schüler mit den besten Leistungen kommt dabei mit dem sozialen Einsortieren der Schülerinnen und Schüler zusammen. Welche Note ein Kind erhält, hängt stark vom sozialen Status der Eltern ab.

Maria 50, Wiesbaden

Modellsatzübung Hören Teil 1

Sie hören nun fünf kurze Texte. Sie hören jeden Text **zweimal**. Zu jedem Text lösen Sie zwei Aufgaben. Wählen Sie bei jeder Aufgabe die richtige Lösung.

Lesen Sie zuerst die Aufgabe. Dazu haben Sie 10 Sekunden Zeit.

Text 1

1. Herr Dahl hat sich bei der Firma Osram beworben. [Richtig] [Falsch]

2. Herr Dahl soll ...

   a. am Montag mit der Personalchefin sprechen.

   b. Frau Schulz später noch einmal anrufen.

   c. am Donnerstag um 12.15 Uhr kommen.

Text 2

3. Frau Meister informiert Frau Lammer, dass die Besprechung ausfällt. [Richtig] [Falsch]

4. Das Gespräch mit Frau Lammer ...

   a. wird komplett abgesagt.

   b. wird auf morgen verschoben.

   c. findet etwas später statt.

Text 3

5. Frau Webers Zeitschrift ist nicht verfügbar. [Richtig] [Falsch]

6. Wann ist die Uni-Bibliothek geöffnet?

   a. Jeden Tag ab 9 Uhr.

   b. Bis 7 Uhr abends.

   c. Am Samstag nur bis 17 Uhr.

Text 4

7. In der Sendung geht es darum, wie man bei einem Bewerbungsgespräch auftreten sollte.

   [Richtig] [Falsch]

8. Die Radiosendung kommt am 21. 02. um ...

    a. 20.10 Uhr.

    b. 20.50 Uhr.

    c. 20.15 Uhr.

Text 5

9. Matthias Bachmann soll zum Abteilungsleiter gehen, um diesem Ersatzteile zu liefern.

                                   | Richtig | | Falsch |

10. Das Büro des Chefs ist im ...

    a. 3. Stock, Zimmer 213.

    b. 4. Stock, Zimmer 203.

    c. 3. Stock, Zimmer 230.

Modellsatzübung Hören Teil 3

Sie hören nun ein Gespräch. Sie hören das Gespräch **einmal**. Dazu lösen Sie sieben Aufgaben.

Wählen Sie: Sind die Aussagen richtig oder falsch?

Lesen Sie jetzt die Aufgaben 1 bis 7. Dazu haben Sie 60 Sekunden Zeit.

Sie sind in der U-Bahn und hören, wie sich zwei junge Menschen über Ausbildung und Studium unterhalten.

1. Nach dem Abitur hat sich Tobias für ein Studium entschieden. | Richtig | Falsch |

2. Tobias interessiert sich für viele Studienfächer und kann schwer eine Entscheidung treffen. | Richtig | Falsch |

3. Tobias Vater und Bruder haben ihn zum Elektrostudium gezwungen. | Richtig | Falsch |

4. Viele Abiturienten haben lange nach einem Ausbildungsplatz gesucht. | Richtig | Falsch |

5. Zu Tobias Aufgaben gehören das Installieren, Einstellen und Programmieren der Industrieanlagen usw. | Richtig | Falsch |

6. Die Firma hat Tobias finanziell gefördert, sich weiterzubilden. | Richtig | Falsch |

7. Maria findet, dass das Studium anders als die Ausbildung aussieht. | Richtig | Falsch |

vorgeschlagene Arbeitszeit: 25 Minuten

Modellsatzübung Schreiben Teil 2

Sie habe im Fernsehen eine Diskussionssendung zur Frage „Sollte man Arbeit am Sonn- und Feiertag verbieten?" gesehen. Im Online-Gästebuch der Sendung finden Sie folgende Meinung:

> Der Sonntag! Ausschlafen, ausgiebig frühstücken, die Oma besuchen, Ausflüge, das alles gehört zum Sonntag. Sollte man an dem arbeitsfreien Sonntag noch arbeiten? Nein, lieber nicht!

Schreiben Sie nun Ihre Meinung (circa 80 Wörter).

Dauer: circa drei Minuten pro Teilnehmender

Modellsatzübung Sprechen Teil 2

Ein Thema präsentieren

Sie sollen Ihren Zuhörern ein aktuelles Thema präsentieren. Dazu finden Sie hier fünf Folien. Folgen Sie den Anweisungen links und schreiben Sie Ihre Notizen und Ideen rechts daneben.

Stellen Sie Ihr Thema vor. Erklären Sie den Inhalt und die Struktur Ihrer Präsentation.

Berufstätige mit Kindern

„Ich habe nur am Abend Zeit für dich."

_____

_____

_____

Berichten Sie von Ihrer Situation oder einem Erlebnis im Zusammenhang mit dem Thema.

Berufstätige mit Kindern

Meine persönlichen Erfahrungen

_____

_____

_____

Berichten Sie von der Situation in Ihrem Heimatland und geben Sie Beispiele.

Berufstätige mit Kindern

Situation in meinem Heimatland

_____

_____

_____

Nennen Sie Vor- und Nachteile und sagen Sie dazu Ihre Meinung. Geben Sie auch Beispiele.

Berufstätige mit Kindern

Vor- und Nachteile &

Meine Meinung

_____

_____

_____

Beenden Sie Ihre Präsentation und bedanken Sie sich bei den Zuhörern.

Berufstätige mit Kindern

Abschluss

&

Dank

_____

_____

_____

Dauer: circa zwei Minuten pro Teilnehmender

Modellsatzübung Sprechen Teil 3

Über ein Thema sprechen

Nach Ihrer Präsentation:

Reagieren Sie auf die Rückmeldung und auf Fragen der Prüfer/-innen und des Gesprächspartners/der Gesprächspartnerin.

Nach der Präsentation Ihres Partners/Ihrer Partnerin:

a. Geben Sie auf die Rückmeldung zur Präsentation Ihres Partners/Ihrer Partnerin

(z.B. wie Ihnen die Präsentation gefallen hat, was für Sie neu oder besonders interessant war usw.)

b. Stellen Sie auch eine Frage zur Präsentation Ihres Partners/Ihrer Partnerin.

Einheit 4 Länder und Reisen

1. **Ich möchte die Welt sehen! Ordnen Sie zu und bilden Sie dann Sätze wie im Beispiel.**

Beispiel: Ich fahre nach Berlin, um das Brandenburger Tor zu sehen.

1)	Holland	a.	über den Grand-Canyon-Nationalpark fliegen
2)	Spanien	b.	die Tulpen bewundern
3)	China	c.	auf dem Roten Platz spazieren gehen
4)	Kenya	d.	den Flamencotanz ansehen
5)	Vereinigte Staaten	e.	surfen
6)	Hawaii	f.	Löwen fotografieren
7)	Athen	g.	auf der großen Mauer spazieren gehen
8)	London	h.	den Eiffelturm sehen
9)	Paris	i.	den Big Ben besuchen
10)	Moskau	j.	die Akropolis besichtigen

1. _____

2. _____

3. _____

4. _____

5. _____

6. _____

7. _____

8. _____

9. _____

10. _____

2. Alles um Reisen. Ordnen Sie zu.

1) Reisepass ist ein amtliches Dokument,

   a. bei der die Kosten für Fahrt, Unterkunft, Verpflegung u.a. pauschal berechnet werden.

2) Reiseführer ist ein Buch,

   b. die das körperliche, geistige oder seelische Wohlbefinden steigern.

3) Reiseerinnerung ist die Erinnerung an eine Reise oder ist ein Gegenstand,

   c. wo man Kultur erleben, aber auch schlemmen und shoppen kann.

4) Pauschalreise ist die vom Reisebüro vermittelte Reise,

   d. das man zum Reisen in anderen Ländern benötigt.

5) Städtereise geeignet für Metropolenfans,

   e. deren Reiseziele sich je nach regionaler oder saisonaler Spezialität ausrichten.

6) Wellnessreise bietet den Reisenden vor allem Methoden und Anwendungen,

   f. in dem Wissenswertes über ein Reiseland steht.

7) Gourmetreise geeignet für Feinschmecker,

   g. dessen Anreisetag innerhalb der nächsten 14 Tage liegt. Bei der kurzfristigen Buchung können erhebliche Preisvorteile entstehen.

8) Last-Minute-Reise ist ein Reiseangebot,

   h der einen an seine Urlaubsreise erinnert.

3. Ergänzen Sie den Dialog mit Informationen aus dem Fahrplan.

Ihre Reisedaten

Details zur Hinfahrt

Bahnhof/Haltestelle	Datum	Zeit	Produkte
Leipzig Hbf	Mi, 16.03.2022	10:48	ICE 597
Erfurt Hbf	Mi, 16.03.2022	11:27	
Erfurt Hbf	Mi, 16.03.2022	11:31	ICE 703
München Hbf	Mi, 16.03.2022	14:02	

Ihre Reisedaten

Details zur Rückfahrt

Bahnhof/Haltestelle	Datum	Zeit	Produkte
München Hbf	Fr, 18.03.2022	15:56	ICE 1002
Erfurt Hbf	Fr, 18.03.2022	18:09	
Erfurt Hbf	Fr, 18.03.2022	18:28	ICE 596
Leipzig Hbf	Fr, 18.03.2022	19:10	

Abfahrt	Ankunft	ausdrucken	bar	Klasse	planmäßig	Reise
reservieren	Rückfahrt	umsteigen	Umsteigezeit	Verbindung		

A: Guten Tag. Ich hätte gerne die Fahrkarte von Leipzig Hauptbahnhof nach München.

B: Hin und zurück?

A: Ja. Hin am 16. März, ab 9.30 Uhr und zurück am 18. März, so gegen 20.00 Uhr.

B: Haben Sie eine BahnCard?

A: Ja, BahnCard 25, 2. (1) _____ . Hier, bitte.

B: Zahlen Sie (2) _____ oder mit Kreditkarte?

A: Mit Kreditkarte.

B: So, eine Moment — das ist Ihre (3) _____ . Sie fahren um 10.48 Uhr ab Leipzig Hauptbahnhof. In Erfurt müssen Sie (4) _____ . Sie haben 4 Minuten Zeit. Der Zug fährt um 11.31 Uhr in Erfurt ab und ist um 14.02 Uhr (5) _____ in München.

A: Ja, das ist gut. Und die (6) _____ ?

B: Die Rückfahrt geht auch über Erfurt. (7) _____ in München ist um 15.56 Uhr. (8) _____ in Erfurt dann um 18.09 Uhr. Sie haben 19 Minuten (9) _____ . Der Zug nach Leipzig fährt um 18.28 Uhr und kommt um 19.10 Uhr in Leipzig an. Soll ich Sitzplätze (10) _____ ?

A: Nein, danke. Was kosten denn die Fahrkarten?

B: 93€ pro Person. Soll ich die Verbindung (11) _____ ?

A: Ja, bitte.

B: Hier, bitte schön und gute (12) _____ .

A: Vielen Dank. Auf Wiedersehen.

vorgeschlagene Arbeitszeit: 10 Minuten

Modellsatzübung Lesen Teil 1

Lesen Sie den Text und die Aufgaben 1-6 dazu.

Wählen Sie: Sind die Aussagen richtig oder falsch?

AndrewsAlltagsBlog.ch

Samstag, den 9. Mai

Hallo, liebe Leute. Heute wurde ich wieder gefragt, woher ich komme. Korea! Natürlich! Denn meine Familie und ich habe lange in Seoul gelebt, bevor wir nach Zürich umgezogen sind. Sicher ist die Antwort für die Leute verwirrend. Geboren sind wir nämlich alle in den USA. Es war aber schon immer mein Traum, nach Europa zu gehen. Ich habe europäische Geschichte studiert. Deshalb finde ich es toll, wenn meine zwei Töchter eine andere Kultur und eine neue Sprache kennen lernen können. Sie beide gehen hier in der Schweiz zur Schule. Es ist sehr lustig: Im Unterricht reden die Lehrer Hochdeutsch. In der Pause draußen sprechen die Kinder dann Schweizerdeutsch. Und das ist für meine Töchter wirklich nicht einfach zu verstehen. Sie sagen dann oft: „Papa, unser Kopf tut weh!"

Ich kann das gut verstehen. Auch für mich ist die neue Sprache anstrengend. Ich habe sofort einen Intensivkurs besucht. Um in der Schweiz eine Arbeitserlaubnis zu bekommen, brauche ich nämlich gute Sprachkenntnisse. Ich arbeite als Pastor* bei einer internationalen Kirche in Zürich. Dort spreche ich mit den meisten Menschen Englisch. Die Gemeinde ist nämlich sehr international. Aber im Alltag brauche ich natürlich Hochdeutsch und auch Schweizerdeutsch. Ich freue mich immer, wenn ich die Sprache trainieren kann. Dabei lerne ich auch typische Schweizer Wörter.

Zürich ist wirklich sehr idyllisch. Es gibt den großen See, die Berge und tolle Parks. Da denkt man: Die Menschen hier müssen sehr glücklich sein. Aber oft ist es gar nicht so. Viele Leute haben Stress. Es gibt nur viel Druck im Job. Deshalb gibt es ein großes Problem mit Burn-out und psychischen Krankheiten. Da ist die Schweiz Korea sehr ähnlich. Ich als Pastor sage den Leuten immer wieder: Ihr müsste Pause machen! Das Leben besteht nicht nur aus der Arbeit.

Auch die Fehlerkultur ist hier sehr anders als in den USA. Wenn du hier zum Beispiel als Start-up einen Fehler machst, ist es eine Katastrophe. Das ist schade. Denn jeder Mensch macht Fehler, überall. Wenn man das akzeptiert, ist vieles leichter.

Euer Andrew

Pastor m. : ein Mann, der in der evangelischen Kirche religiöse Aufgaben hat.

Beispiel

0. Andrew kommt aus Korea. Richting ~~Falsch~~

1. Bevor Andrew in die Schweiz umgezogen ist, hat er in Korea gelebt. Richtig Falsch

2. Andrew hat Geschichte in Europa studiert. Richtig Falsch

3. Um in der Schweiz zu arbeiten, braucht Andrew gute Sprachkenntnisse. Richtig Falsch

4. Andrew findet es anstrengend, wenn er im Alltag auf Hochdeutsch und Schweizerdeutsch mit anderen kommunizieren muss. Richtig Falsch

5. In Korea hat man viel Druck im Job wie in der Schweiz. Richtig Falsch

6. Wenn man in den USA als Start-up einen Fehler macht, ist es dann ganz schlimm. Richtig Falsch

vorgeschlagene Arbeitszeit: 10 Minuten

Modellsatzübung Lesen Teil 3

Lesen Sie die Situationen 1-7 und die Anzeigen a bis j aus verschiedenen deutschsprachigen Medien.

Wählen Sie: Welche Anzeige passt zu welcher Situation? Sie können **jede Anzeige nur einmal** verwenden.

Die Anzeige aus dem Beispiel können sie nicht mehr verwenden. Für einer Situation gibt es **keine passende Anzeige**. In diesem Fall schreiben Sie **0**.

Verschiedene Personen aus Ihrem Bekanntenkreis suchen nach passenden Möglichkeiten für Urlaub.

Beispiel

0.　Tim und Milena verreisen nie ohne ihren Hund Lukas.　　Anzeige:　　e

1.　Markus will im Sommer Urlaub machen, aber er hat wenig Geld. Deshalb muss er Reiseangebote vergleichen und ein passendes davon aussuchen.　　Anzeige:

2.　Eva ist Wasserfreundin und sucht für ihren Sporturlaub das passende Angebot.　　Anzeige:

3.　Carola hat ein anstrengendes Jahr hinter sich und würde gerne im Urlaub etwas Besonderes für ihr Wohlbefinden tun.　　Anzeige:

4.　Thomas möchte im Urlaub exotische Spezialitäten unbedingt mal probieren und viele leckere Delikatessen näher kennen lernen.　　Anzeige:

5.　Herr Meyer und seine Frau wollen sich im Urlaub richtig gut ausruhen und ein bisschen bewegen. Und Frau Meyer wünschte sich auch, einmal in der Stadt zu bummeln.　　Anzeige:

6.　Familie Steiner möchte Urlaub mit Kindern machen. Die Eltern sind begeisterte Wasserratten.　　Anzeige:

7.　Vanessa möchte einen Ausflug in die Berge machen, sich aber dabei nicht anstrengen.　　Anzeige:

a. **Urlaub in der Natur mit viel Platz für die Familie**

Ferienwohnungen und Hotelzimmer in der Natur umgeben von Wald und Wiesen mit Tieren.

Familienurlaub am Bodensee inkl. Arrangement vom Spieleland.

Abenteuer Adventure Golf Anlage direkt am Hofgut Tiergarten gelegen.

b. **Urlaub in Schönhagen an der Ostsee**

Auf der großen Welle reiten, die Segel hissen oder einfach nur abtauchen. Geben dem erholsamen Sommerurlaub ein bisschen Action – eine Freizeitaktivität, die Energie gibt und zur Entspannung beiträgt.

c. **Kostenloser Preisvergleich!**

Über 100 Veranstalter und über 250 Kataloge in Sekundenschnelle vergleichen! Unter Berücksichtigung aktueller Frühbucher – und Last-Minute Angebote.

d. **Mit dem Elektrovelo in die Berge.**

Einschalten und losfahren: Mit dem Rad bis auf fast 2000 Meter Höhe -, ohne zu schwitzen und ohne sich anzustrengen.

Start: täglich in Emmental

e. **Urlaub mit Haustier im Ferienhaus Hund & Katze**

Urlaub mit Haustier am Meer genießen. Schöne Ferienhäuser für den Urlaub mit Hund oder Urlaub mit Katze. ✓ haustierfreundlich ✓ Ostsee & Nordsee.

f. **Familiengaudi auf dem Wasser**

Kanutour an der Saale goldenem Strande entlang!

Spaß mit der ganzen Familie in der Toskana des Ostens genießen! Erleben Sie gemeinsam eine Kanutour entlang der Saale goldenem Strand und unterhalb der Burgen!

g. **Erleben Sie die Vielfalt der spektakulären Bergwelt**

ÜN inkl. HP ab €332,- p. P.

Urlaubsglück & Bike-Routen in jedem Schwierigkeitsniveau.

Jetzt Unterkunft finden: www.lermoos. de

h. **Bis zu 40% Rabatt**

Beste Angebote für Wellnessurlaub in Deutschland

Vom weißen Sandstrand der Ostsee bis zu den verschneiten Berggipfeln der Allgäuer Alpen!

Beste Lage, gepflegte Resorts, großer Wellnessbereich, schönste Reiseziele

i. **Kulinarische Reisen - Urlaubsziele für Genießer**

Spitzenweine, eine gehobene Küche und Entspannung machen den Reiz von kulinarischen Reisen aus. Individuelle Gourmetreisen weltweit mit lokaler Agentur - ganz an Ihre Vorstellungen angepasst!

j. **Urlaub mit der Familie**

Bayerns Städte, Dörfer, Berge, Seen & Flüsse garantieren Urlaubsspaß für Familien. Tipps für Familien von unseren Bayern-Insidern. Nix für Langweiler!

Modellsatzübung Hören Teil 2

Sie hören nun einen Text. Sie hören den Text **einmal**. Dazu lösen Sie fünf Aufgaben. Wählen Sie bei jeder Aufgabe die richtige Lösung a, b und c.

Lesen Sie jetzt die Aufgaben 1 bis 5. Dazu haben Sie 60 Sekunden Zeit.

Sie sind im Miniatur Wunderland Hamburg und hören die Informationen zu Beginn der Führung.

1. In der Führung …

    a. erzählt nur der Reiseführer.

    b. erzählt der Reiseführer nur 15 Minuten.

    c. werden auch Videos gezeigt.

2. Wie viele Euro wurden für den Bau ausgegeben?

    a. 17 Millionen.

    b. 21 Millionen.

    c. 80 Millionen.

3. Wie viele Besucher gibt es bis jetzt?

    a. 17 Millionen.

    b. 21 Millionen.

    c. 800.000.

4. Wie viele Züge legen täglich mehrere hundert Kilometer zurück?

    a. 1.000.

    b. 10.000.

    c. 30.000.

5. Was kommt nach dem Abschnitt Südamerika?

    a. Monaco.

    b. Frankreich.

    c. Noch nicht festgestellt.

Modellsatzübung Hören Teil 4

Sie hören nun eine Diskussion. Sie hören die Diskussion **zweimal**. Dazu lösen Sie acht Aufgaben.

Ordnen Sie die Aussagen zu: **Wer sagt was**?

Lesen Sie jetzt die Aussagen 1 bis 8. Dazu haben Sie 60 Sekunden Zeit.

Der Moderator der Sendung „Alles rund um die Reise" diskutiert mit Frau Nikol und Herrn Thurm über ihre Erfahrungen beim Reisen.

	Moderator	Frau Nikol	Herr Thurm
1. Wenn man reisen will, steht man häufig vor der Wahl.	a.	b.	c.
2. Beim individuellen Reisen kann man selbst bestimmen, was als nächstes gemacht wird.	a.	b.	c.
3. Eine individuelle Reise bietet die Gelegenheit, Fremdsprachenkenntnisse zu üben.	a.	b.	c.
4. Mit einer Gruppenreise kann man vieles in kürzerer Zeit sehen und erleben.	a.	b.	c.
5. Mit einer Gruppenreise erlebt man mehr als mit einer individuellen Reise.	a.	b.	c.
6. Für diejenigen, die wenige Urlaubstage haben, ist eine Gruppenreise ideal.	a.	b.	c.
7. Für Berufstätige ist eine Gruppenreise gut geeignet.	a.	b.	c.
8. Bei einer Gruppenreise ist der Reiseplan festgestellt und kann sich schwer ändern.	a.	b.	c.

vorgeschlagene Arbeitszeit: 20 Minuten

Modellsatzübung Schreiben Teil 1

Sie und Ihre Freunde haben vor einer Woche eine Einkauftour gemacht.

Ein Freund/Eine Freundin von Ihnen konnte nicht mitkommen, weil er/sie krank war.

- Beschreiben Sie: Wie war die Einkaufstour?

- Begründen Sie: Warum/Wo hat Ihnen diese Einkaufstour NICHT gefallen?

- Machen Sie einen Vorschlag für ein Treffen.

Schreiben Sie eine E-Mail (circa 80 Wörter).

Schreiben Sie etwas zu allen drei Punkten.

Achten Sie auf den Textaufbau (Anrede, Anleitung, Reihenfolge der Inhaltspunkte, Schluss).

vorgeschlagene Arbeitszeit: 25 Minuten

Modellsatzübung Schreiben Teil 2

Sie habe im Fernsehen eine Diskussionssendung zum Thema „Eine autofreie Innenstadt" gesehen. Im Online-Gästebuch der Sendung finden Sie folgende Meinung:

> Warst du schon mal in Münster, die als Fahrradhauptstadt bundesweit bekannt ist? Durch die Einführung einer autofreien Innenstadt können das Verkehrsaufkommen, Unfallzahlen sowie Lärm- und Schadstoffemissionen verringert werden. Die Bewohnerinnen und Bewohner dort haben auch schon sehr viel davon profitiert. Es ist cool, oder?

Schreiben Sie nun Ihre Meinung (circa 80 Wörter).

Dauer: circa drei Minuten pro Teilnehmender

Modellsatzübung Sprechen Teil 2

Ein Thema präsentieren

Sie sollen Ihren Zuhörern ein aktuelles Thema präsentieren. Dazu finden Sie hier fünf Folien. Folgen Sie den Anweisungen links und schreiben Sie Ihre Notizen und Ideen rechts daneben.

Stellen Sie Ihr Thema vor. Erklären Sie den Inhalt und die Struktur Ihrer Präsentation.

> **Urlaub! Aber wohin?**
>
> *Urlaub machen in Heimat oder im Ausland*

Berichten Sie von Ihrer Situation oder einem Erlebnis im Zusammenhang mit dem Thema.

> **Urlaub! Aber wohin?**
>
> Meine persönlichen Erfahrungen

Berichten Sie von der Situation in Ihrem Heimatland und geben Sie Beispiele.

> **Urlaub! Aber wohin?**
>
> Situation in meinem Heimatland

Nennen Sie Vor- und Nachteile und Sagen Sie dazu Ihre Meinung. Geben Sie auch Beispiele.

> **Urlaub! Aber wohin?**
>
> Vor- und Nachteile &
>
> Meine Meinung

Beenden Sie Ihre Präsentation und bedanken Sie sich bei den Zuhörern.

> **Urlaub! Aber wohin?**
>
> Abschluss
>
> &
>
> Dank

Dauer: circa zwei Minuten pro Teilnehmender

Modellsatzübung Sprechen Teil 3

Über ein Thema sprechen

Nach Ihrer Präsentation:

Reagie ren Sie auf die Rückmeldung und auf Fragen der Prüfer/-innen und des Gesprächspartners/der Gesprächspartnerin.

Nach der Präsentation Ihres Partners/Ihrer Partnerin:

a. Geben Sie auf die Rückmeldung zur Präsentation Ihres Partners/Ihrer Partnerin

(z.B. wie Ihnen die Präsentation gefallen hat, was für Sie neu oder besonders interessant war usw.)

b. Stellen Sie auch eine Frage zur Präsentation Ihres Partners/Ihrer Partnerin.

Einheit 5 Kunst und Kultur

Wortschatz und Struktur

1. **Kennen Sie diese Kunstepochen? Verbinden Sie korrekt die Informationen aus den beiden Gruppen (1-7 und a-g) wie im Beispiel.**

1) Romanik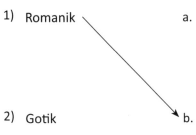

    a. kommt aus dem Französischen, bedeutet so viel wie „Wiedergeburt" oder „Comeback" und bezeichnet eine etwa zur Mitte des 14. Jahrhunderts beginnende und bis weit ins 16. Jahrhundert reichende historische Epoche.

2) Gotik

    b. gilt als die erste gesamteuropäische Kunst- und Architekturepoche, setzte etwa um das Jahr 1000 ein, wird in Früh-, Hoch- und Spätromanik unterteilt und dauerte ungefähr bis zur Mitte des 13. Jahrhunderts.

3) Renaissance

    c. ist zwischen 1750 und 1840 und war der letzte große internationale Stil, der viele Kunstbereiche in Europa beeinflusste. Die Künstler griffen wieder auf einfache Formen zurück.

4) Barock

    d. ankert im Spätbarock. In dieser Zeit wurden die aufwendigen Dekorationen durch leichtere, elegantere Formen ersetzt.

5) Rokoko

    e. war eine europäische Kunstströmung Ende des 18. Jahrhunderts bis Mitte des 19. Jahrhunderts. Emotionen, Melancholie und die Natur spielten eine wichtige Rolle.

6) Klassizismus   f.   ist zwischen 1200 und 1550. In der Zeit entstanden monumentale Altarbilder, Skulpturen sowie Tafelbilder aus Holz. Typisch für die Kunst ist ihre filigrane und detailreiche Ausdrucksweise.

7) Romantik   g.   ist eine Stilepoche gemeint, die ihren Ursprung in Italien hatte, etwa zu Beginn des 17. Jahrhunderts begann und bis ins 18. Jahrhundert andauerte. Charakteristisch für die Malerei waren Darstellungen mit prunkvoller Dekoration.

2. Ergänzen Sie die richtigen Konnektoren.

auch wenn   entweder ... oder ...   nicht nur ... sondern auch ...   weder ... noch ...
zwar ... aber ...   je ... desto ...   sowohl ... als auch ...   einerseits ... andererseits ...

a. _____ „Stille Nacht", _____ andere Weihnachtslieder benutzen historische Begriffe.

b. _____ es das Lied in so vielen Sprachen gibt, ist das Original von „Stille Nacht" die deutschsprachige Version.

c. _____ früher das Kind Buntstifte in die Hand bekommt, _____ besser ist das für seine emotionale Entwicklung.

d. _____ das Vokabular _____ die Grammatik ändert sich mit der Zeit.

e. Die Sprache der Texte ist _____ oft nicht mehr modern, _____ viele Wörter und Grammatikkonstruktionen werden noch heute in der deutschsprachigen Welt benutzt.

f. Das ist nicht konsequent! _____ möchte man das Kulturprojekt fördern, _____ gibt es ganz wenige, die dafür investieren.

g. In alten Texten gibt es viele Wörter, die wir heute _____ gar nicht mehr verstehen _____ nicht mehr so, wie sie einst von ihren Verfassern gemeint waren.

h. Die Kultur ist im Notfall _____ Lebensmittel _____ Wirtschaftsfaktor.

3. **Markieren Sie Partizip I in den Sätzen.**

a. Die Zwanzigerjahre wurden wegen der blühenden und schillernden Kunst- und Kulturszene auch die „Goldenen Zwanziger" genannt.

b. Doch große Teile der Bevölkerung lebten in ärmlichen Verhältnissen und mussten sich um ein ausreichendes Auskommen sorgen.

c. Mit der 1929 eintretenden Weltwirtschaftskrise endete die Partystimmung sehr plötzlich, und die Themen in Kunst und Kultur wurden zunehmend politisch und beschrieben die Not und das soziale Elend der Bevölkerung.

d. Prägend für die Kunst der Nachkriegszeit waren die avantgardistischen Stilrichtungen.

e. Die Liste der bedeutenden Autoren dieser Epoche ist lang.

f. Die Journalisten Egon Erwin Kisch, Kurt Tucholsky und Carl von Ossietzky schrieben packende und anspruchsvolle Reportagen zu sozialen und politischen Themen.

4. **Wie heißt das Verb im Infinitiv? Schreiben Sie und ergänzen Sie die Regel.**

blühend- blühen

_____   _____

_____   _____

_____   _____

_____   _____

> Partizip I bildet man mit Infinitiv+ _____ und können als _____ oder _____ gebraucht werden. Vor Nomen brauchen sie eine _____.

5. **Ergänzen Sie das richtige Wort aus Aufgabe 4. Achten Sie auf die richtige Endung, wenn es nötig ist.**

a. Für die _____ Folgen müssen Sie leider Verantwortung tragen.

b. In fast jedem Land gibt es eine _____ Nachfrage nach Fachleuten in diesem Gebiet.

c. Literarische Epochen bezeichnen einen Zeitraum, in dem ein bestimmter Gedanke, eine Leitidee oder die Verbindung bestimmter Ideen _____ waren.

d. Er sieht frisch und _____ aus.

e. Ein _____ Autor der Aufklärung ist Gotthold Ephraim Lessing.

f. _____ trinken ist unerlässlich für die Erhaltung sämtlicher Körperfunktionen.

vorgeschlagene Arbeitszeit: 12 Minuten

Modellsatzübung Lesen Teil 2

Sie lesen in einer Zeitschrift einen Artikel über die Bedeutung von Kunst und Kultur. Welche Sätze a bis h passen in die Lücken 1 bis 6? Zwei Sätze passen nicht.

Wie wichtig sind Kunst und Kultur?

Kunst und Kultur haben eine herausragende Bedeutung für die Gesellschaft. Sie spiegeln gesellschaftliche Debatten wider, sie bieten Reibungsflächen zur Auseinandersetzung mit der Wirklichkeit, sie weisen über das alltägliche Geschehen hinaus. [...0...] Die Auseinandersetzung mit Kunst und Kultur verweist auf die Vergangenheit und den Umgang mit überbrachten Werten, sie hat zugleich eine zukunftsgerichtete Dimension und beinhaltet Visionen einer künftigen Gesellschaft. [...1...] In einer multiethnischen Gesellschaft gewinnen Kunst, Kultur und kulturelle Bildung eine zunehmende Bedeutung, um Integration zu befördern und die positiven Elemente kultureller Vielfalt herauszustellen.

Für jeden einzelnen Menschen sind Kunst, Kultur und kulturelle Bildung wesentlich. [...2...] Kulturelle Bildung ist eine der Voraussetzungen für individuelle Kreativität und eigenes künstlerisches Schaffen. Trotz der zentralen Bedeutung von Kunst, Kultur und kultureller Bildung für jeden Einzelnen und für die Gesellschaft insgesamt sind diese Bereiche immer wieder von Kürzungswellen betroffen.

Kultur kostet Geld. [...3...] Substantiell hat die Förderung von Kulturellem nicht weniger eine Pflichtaufgabe des öffentlichen Haushalts zu sein als zum Beispiel der Straßenbau, die öffentliche Sicherheit oder die Finanzierung der Gehälter im öffentlichen Dienst. Es ist grotesk, dass wir Ausgaben im kulturellen Bereich „Subventionen" nennen. [...4...] Der Ausdruck lenkt uns in eine falsche Richtung. [...5...]

Und Kultur hängt auch von Personen ab, die sie ins Werk setzen sollen. [...6...] Und darüber hinaus auch, dass in möglichst großer Dichte und Qualität solche Menschen für Berlin gewonnen werden, wenn sie bereit sind, sich zu engagieren, damit sie hier ihre Kreativität und ihre Kenntnisse wie ihre Weltläufigkeit in den Dienst der Kultur der Stadt und des ganzen Landes stellen.

Beispiel

0. Kunst und Kultur sind Ausdruck des menschlichen Daseins.   Lösung 0

a. Sie kostet vor allem deshalb, weil der Zugang zu ihr nicht in erster Linie durch einen privat gefüllten Geldbeutel bestimmt sein darf.

b. Sie werden teilweise lediglich unter finanziellen Gesichtspunkten betrachtet und nur als Nutznießer und Empfänger öffentlicher Gelder aus den Taschen der Steuerzahler gesehen.

c. Im Umgang mit Kunst und Kultur zeigen sich also die Diskurse der Gesellschaft und ihnen wird eine herausragende Bedeutung für die gesellschaftliche Entwicklung beigemessen.

d. Hingegen käme kein Mensch auf die Idee, die Ausgaben für ein Bahnhofsgebäude oder einen Spielplatz als Subventionen zu bezeichnen.

e. Es ist ein zentrales öffentliches Interesse, dass Leute, die das können und die schon in Berlin leben, die notwendigen Entfaltungsmöglichkeiten behalten oder bekommen.

f. Kulturelle Bildung eröffnet neue Welten und sie bietet die Möglichkeit der Auseinandersetzung mit sich selbst und mit der Kunst.

g. Deshalb sind Kunst und Kultur ohne Zweifel unheimlich wichtig für jedes Land.

h. Denn Kultur ist kein Luxus, den wir uns entweder leisten oder nach Belieben auch streichen können, sondern der geistige Boden, der unsere innere Überlebensfähigkeit sichert.

vorgeschlagene Arbeitszeit: 6 Minuten

Modellsatzübung Lesen Teil 5

Sie sind im Kunstmuseum Stuttgart und lesen die Hausordnung.

Welche der Überschriften aus dem Inhaltsverzeichnis passen zu den Paragraphen? Vier Überschriften werden nicht gebraucht.

Beispiel

0. Lösung c

Hausordnung

Kunstmuseum Stuttgart

a. Fundsachen

b. ~~Öffnungszeiten~~

c. Garderobe

d. Sammlungs- und Ausstellungsräume

e. Eintritt

f. Haftung

g. Foto- Film- und Videoaufnahme

h. Aufsichts- und Sicherheitspersonal

_b_ **§0**

Die Öffnungszeiten des Kunstmuseums Stuttgart werden gesondert festgelegt und sind an der Kasse, online und durch besonderen Aushang bekanntgegeben. Die Besucher/innen haben spätestens zum Ende der Öffnungszeit die Sammlungs- und Ausstellungsräume zu verlassen. Bei besonders hohem Publikumsandrang oder aus gegebenem Anlass können die Sammlungs- und Ausstellungsräume oder das Gebäude aus Sicherheitsgründen zeitweilig für weitere Besucher/innen geschlossen werden.

_____ **§1**

Nicht abgeholte oder zurückgelassene Gegenstände werden als Fundsache behandelt und unterliegen einer Aufbewahrungs- bzw. Anzeigepflicht beim Fundbüro der Landeshauptstadt Stuttgart.

_____ §2

Besucher/innen haften für die von ihnen an Gegenständen des Museums verursachten Schä-den nach den Bestimmungen des BGBs. Für von Minderjährigen verursachte Schäden haften deren Aufsichtspflichtige.

_____ §3

In dem Gebäude, der Sammlung und den Ausstellungen ist das Fotografieren oder Filmen für private Zwecke grundsätzlich erlaubt, sofern es im Wandtext oder neben dem jeweiligen Werk nicht anders gekennzeichnet ist. Bitte beachten Sie die Persönlichkeitsrechte anderer Besucher/innen. Die Verwendung von künstlichem Licht (Blitzlicht, Lampen u. Ä.), Stativen, Selfie-Sticks, Drohnen oder ähnlichen Hilfsmitteln ist nicht gestattet. Das Fotografieren und Filmen für gewerbliche, kommerzielle oder wissenschaftliche Zwecke sowie im Rahmen der aktuellen Berichterstattung (Presse/Blog) ist nur mit schriftlicher Zustimmung des Kunstmu-seum Stuttgart erlaubt.

Modellsatzübung Hören Teil 2

Sie hören im Radio ein Interview mit einer Persönlichkeit über den Beruf Sänger/Bariton. Sie hören den Text **zweimal**. Wählen Sie bei jeder Aufgabe die richtige Lösung.

Lesen Sie jetzt die Aufgaben 1 bis 6. Dazu haben Sie 90 Sekunden Zeit.

1. Herr Gerhaher hat Schumanns Werk gewählt, weil ...

   a. Schumann sein Lieblingskomponist und Vertreter der Romantik ist.

   b. Schumanns Musik sowohl romantisch als auch kommunikativ ist.

   c. Schumanns Musik weniger expressiv-kommunikativ als die der anderen Komponisten ist.

2. Was ist richtig über die Gesamteinspielung von Schumann?

   a. Sein Lehrer will, dass Herr Gerhaher das macht.

   b. Das ist seine einzige Gesamteinspielung.

   c. Damit möchte Herr Gerhaher seine Fähigkeit zeigen.

3. Die Krankheit Morbus Crohn ...

   a. ist jetzt nicht so schlimm wie früher.

   b. kann Herr Gerhaher nicht aushalten.

   c. hat Herr Gerhaher schon hinter sich.

4. Was ist der Unterschied zwischen Oper und Lied?

   a. Man singt nur in unterschiedlichen Lautstärken.

   b. In der Oper muss man mit einer Maske singen.

   c. Man singt in unterschiedlichen Stimmen.

5. Lampenfieber ...

   a. lässt sich schwer vermeiden.

   b. hat Herr Gerhaher viel geholfen.

   c. kann Herr Gerhaher gut meistern.

6. Herr Gerhaher ...

    a. ist als erfahrener Sänger meistens nicht nervös.

    b. kann alle Muskeln beim Singen benennen.

    c. findet, dass man Singen sinnlich verstehen soll.

Modellsatzübung Hören Teil 4

Sie hören einen kurzen Vortrag. Der Redner spricht über das Thema „Kunst und Kultur in den Zwanzigern". Sie hören den Text **zweimal**. Wählen Sie bei jeder Aufgabe die richtige Lösung. Lesen Sie jetzt die Aufgaben 1 bis 8. Dazu haben Sie 90 Sekunden Zeit.

1. Goldene Zwanziger ...

   a. waren für die meisten Menschen von großer Bedeutung.

   b. zeichneten sich durch die blühende Kunst und Kultur aus.

   c. bezogen sich auf die Zeit während des Kriegs.

2. Die Zeiten endeten ...

   a. mit der Wirtschaftskrise im Jahre 1929.

   b. mit der 29 Jahre langen Weltwirtschaftskrise.

   c. mit der 1929 eingetretenen Wahlkrise.

3. Was ist prägend für die Kunst der Zwanziger?

   a. Impressionismus, Dadaismus und Surrealismus.

   b. Expressionismus, Dadaismus und Realismus.

   c. Expressionismus, Dadaismus und Surrealismus.

4. Warum fanden die Künstler beim Publikum Zustimmung?

   a. Weil sie auf die Strape gingen, um gegen Selbstentfremdung und den Verlust der Humanität zu demonstrieren.

   b. Weil sie als Protest gegen Selbstentfremdung und den Verlust der Humanität galten.

   c. Weil ihre Werke viele Anklänge bei der jungen Generation fanden.

5. Maler wie Otto Dix, Max Beckmann oder Georg Grosz ...

   a. wurden von Massenkultur und technischen Medien beeinflusst.

   b. schufen Gemälde über das Alltagsleben, Film und Hörfunk.

   c. wurden von neuer Sachlichkeit in der zweiten Hälfte geprägt.

6. Bauhaus ...

   a. ist eine Hochschule für Kunst und Design in Weimar.

   b. wurde von Walter Gropius 1919 in Weimar gegründet.

   c. wurde von Walter Gropius 1919 in Dessau gegründet.

7. Was ist richtig über die deutsche Literatur der Zwanziger?

   a. Die deutsche Literatur erlebte eine dünste Zeit der Weltliteratur.

   b. Viele große Schriftsteller prägten die deutsche Literatur.

   c. Viele deutsche Schriftsteller erhielten den Nobelpreis für Literatur.

8. Journalismus in Zwanzigern ...

   a. nahm einen hohen Stellenwert der Medien ein.

   b. beschäftigte sich mit mehr Themen als heutzutage.

   c. setzte sich vor allem mit Dasein der Menschheit auseinander.

vorgeschlagene Arbeitszeit: 25 Minuten

Modellsatzübung Schreiben Teil 2

Sie arbeiten in einem Kunstmuseum und möchten eine Sonderausstellung organisieren. Nun müssen Sie wegen Zeitmangels das absagen und schreiben Sie eine E-Mail an die Leiterin des Museums, Frau Dengler.

Entschuldigen Sie sich.	Zeigen Sie Verständnis für die Situation des Kunstmuseums.
Machen Sie einen Alternativvorschlag.	Bitten Sie um Verständnis für Ihre Situation.

Überlegen Sie sich eine passende Reihenfolge für die Inhaltspunkte.

Bei der Bewertung wird darauf geachtet, wie genau die Inhaltspunkte bearbeitet sind, wie korrekt der Text ist und wie gut die Sätze und Abschnitte sprachlich miteinander verknüpft sind und vergessen Sie nicht Anrede und Gruß. Schreiben Sie mindestens **100** Wörter.

Dauer: für beide Teilnehmende ca. 5 Minuten

Modellsatzübung Sprechen Teil 2

Diskussion führen

Sie sind Teilnehmende eines Debattierclubs und diskutieren über die Frage.

Sollten alle Museen kostenlos sein?

- Tauschen Sie Ihren Standpunkt und Ihre Argumente aus.

- Reagieren Sie auf die Argumente Ihrer Gesprächspartnerin/ Ihres Gesprächspartners.

- Fassen Sie am Ende zusammen: Sind Sie dafür oder dagegen?

Sie können diese Stichpunkte zu Hilfe nehmen:

Mehr Chancen zur Kunst und Kultur?
Nur an manchen Tagen?
Statt kostenlos lieber niedrigere Preise? Nur für manche Museen?
...

Einheit 6 Medien und Informationen

Wortschatz und Struktur

1. **Wählen Sie das richtige Wort und füllen Sie in die Lücken. Jedes Wort darf nur einmal verwendet werden und achten Sie auf die richtige Form.**

> der Umgang   der Datenschutz   die Medienkompetenz   süchtig
>
> eignen   fördern   die Voraussetzung   ausgestattet   einsetzen
>
> der Täuschungsversuch

a. Man sollte in der Schule die Medienkompetenz der Schüler _____.

b. Er ist seit Jahren _____ nach Tabletten.

c. Was glaubt ihr: _____ sich Medien zum Lernen? Das heißt, sind sie gut zum Lernen?

d. Es müssen jedoch die richtigen _____ geben, wenn die Schüler in der Schule mit Tablets lernen sollen.

e. Kinder und Jugendliche müssen den richtigen _____ mit Medien erlernen.

f. _____ zu erwerben, heißt nicht, die Multimedia-Welt technisch bedienen zu können, sondern sich ihrer verantwortlich und kritisch zu bedienen.

g. Nur wenn die Medien von den Lehrern sinnvoll _____ werden, können die Schüler lernen, mit den Geräten kompetent, bewusst und reflektiert umzugehen.

h. Eine andere Gefahr sind _____ von Schülern, das heißt, dass die Schüler zum Beispiel aus dem Internet abschreiben.

i. Der _____ - wird oft vernachlässigt und die persönlichen Daten werden von Fremden weggenommen.

j. Es ist wichtig, dass die Schulen für die Schüler technische Geräte zur Verfügung haben, das heißt die Schulen müssen gut _____ sein.

2. Zwei Personen äußern im Interview ihre Meinung zum Thema „Wie das Internet unsere Meinung beeinflusst". Formen Sie die direkte in die indirekte Rede um.

Prof. Dr. Joachim Trebbe sagt: „Digitale Technologien wirken sich also nicht nur positiv oder negativ auf unsere Meinungsbildung aus. Sie sind zunächst einmal nur neue Vehikel zur Informationsvermittlung und Vernetzung. Weder die größtenteils positive Sicht während des Arabischen Frühlings, noch die pessimistische Perspektive nach dem Brexit und der US-Wahl werden diesem Grundsatz gerecht. Sinnvoll ist deshalb eine nüchternere Sicht auf das Netz, die einerseits aufzeigt, was bereits funktioniert, andererseits aber auch Probleme ehrlich eingesteht. Nur so kann ein Weg entwickelt werden, gesunde Meinungsbildungsprozesse im Netz zu etablieren und weiterzuentwickeln."

_____

_____

_____

_____

_____

_____

_____

Dr. Jan- Hinrick Schmidt sagt: „Algorithmen, Filterblasen, Desinformation: Diese Begriffe schwirren wie Schmeißfliegen durch die Gegend, wenn es um Meinungsbildung im digitalen Zeitalter geht. Das Problem dabei ist allerdings, dass sie häufig als Buzzwords benutzt und dramatisiert werden. Die Hintergründe und Zusammenhänge werden dabei nicht immer sofort klar. Klar ist allerdings, dass sich die Prozesse der Meinungsbildung und damit die Grundlagen demokratischer Entscheidungen von Bürger/innen durch die digitale Revolution immer mehr ins Internet verlagern. Der Anteil des Netzes unter den meinungsbildenden Medien ist laut der Medien-Gewichtungs-Studie 2018 der Medienanstalten auf mittlerweile knapp 27 Prozent gestiegen. Unter den 14- bis 29-Jährigen liegt der Wert sogar bei knapp 54 Prozent. Davor liegt bei der Gesamtbevölkerung nur noch das Fernsehen mit rund 33 Prozent. Mehr als die Hälfte der täglichen Reichweite von sozialen Medien und Suchmaschinen entfällt laut der Studie mittlerweile auf eine Nutzung, die für die Meinungsbildung eine Rolle spielt.

Im Netz löst sich die Deutungshoheit von Medienhäusern und Journalist/innen als Gatekeeper von Informationen weitgehend auf. Über soziale Netzwerke, Blogs und Foren kann inzwischen jede/r die eigene Meinung öffentlich äußern und eine Vielzahl anderer Menschen erreichen. Rund um den Arabischen Frühling 2011 wurden soziale Medien deshalb als Technologie der Selbstermächtigung, Liberalisierung und Demokratisierung gefeiert. Menschen in verschiedenen arabischen Ländern entdeckten durch die Kommunikation im Netz ihre Gemeinsamkeiten und organisierten Proteste gegen autoritäre Regimes. Damals lag das Augenmerk vor allem auf den verbindenden Eigenschaften des Internets."

_____

_____

_____

_____

_____

_____

_____

_____

_____

_____

_____

_____

vorgeschlagene Arbeitszeit: 18 Minuten

Modellsatzübung Lesen Teil 1

Sie lesen in einem Forum, wie Menschen über „Tik Tok" denken. Auf welche Personen treffen die einzelnen Aussagen zu? Die Personen können mehrmals gewählt werden.

Beispiel

0. Wer hat früher Tik Tok für negativ gehalten? Lösung: a

1. Wem hilft Tik Tok beim Malen?

2. Wer hält die Daten bei Tik Tok für unsicher?

3. Wer würde sein/ihr Kind beim Nutzen von Tik Tok begleiten?

4. Wer meint, dass man erst nach dem Nutzen diese App richtig beurteilen kann?

5. Wer meint, dass Tik Tok besonders bei Kindern und Jugendlichen beliebt ist?

6. Wer hat seinen/ihren Freundkreis bei Tik Tok vergrößert?

7. Wer meint, dass Tik Tok missbraucht werden kann?

8. Wer meint, dass es in der Plattform viele Vorbilder gibt?

9. Für wen sind besonders Kinder durch die App gefährdet?

Umgang mit Tik Tok

a. Manuel

Ich habe ehrlich gesagt auch sehr lange nichts von Tik Tok gehalten, da ich wie manche auch dachte, dass dort irgendwelche dummen Leute total fremdschämende, peinliche Videos hochladen. Mir war in den Ferien aber einmal so langweilig, dass ich mir diese App heruntergeladen habe und war sehr positiv überrascht. Natürlich gibt es dort wenige wirklich ein bisschen peinliche Videos. Jedoch habe ich viel Inspiration finden können, vor allem in der Kunst, denn es gibt dort wirklich viele Talente! Ich selbst lade dort meine Malvideos hoch und bin - völlig unerwartet - sehr schnell gewachsen und habe eine richtige „Community". Natürlich gibt es da bisschen komische Leute, aber man kann sich mit einigen sehr gut über z.B. die Stifte usw. austauschen. Mich hat Tik Tok wieder mehr zum Malen gebracht und ich habe viele coole Menschen kennenlernen können.

b. Ivanka

Tik Tok ist nicht die einzige App, mit der Bilder und Filme von sich gepostet werden können. Allerdings ist Tik Tok perfekt auf die Bedürfnisse von jungen und sehr jungen Nutzern zugeschnitten. Gerade Mädchen lieben es, die Tänzerinnen von Musikvideos nachzuahmen und tanzen dabei – mal absichtlich, mal unwissentlich – sehr aufreizend. In der Geborgenheit des eigenen Zimmers zeigen Kinder sich freier als in der Welt draußen – und niemand weiß so genau, wer zuschaut, wenn das Profil des Kindes öffentlich ist. Wenn mein Kind Tik Tok nutzt, schaue ich mir die Einstellung zur Privatsphäre in Tik Tok an – dort kann ich schon festlegen, dass Fremde nicht Kontakt aufnehmen können. Damit kann ich mein Kind besser vor Mobbing und Grooming schützen.

c. Helena

Alle, die Tik Tok hassen, werden wohl dieses eine Argument haben: Tik Tok ist schlecht wegen des Tanztrends. Aber glauben diese Leute im Ernst, dass Tik Tok nur aus denen besteht? Auch wenn die berühmteste dort diese Trends macht, besteht Tik Tok nicht nur daraus. Finde ich ehrlich gesagt peinlich, wenn Leute so etwas behaupten, ohne sich mal annähernd damit zu beschäftigen. Und damit meine ich nicht nur einmal durchscrollen. Denn anfangs kommt natürlich nur die Schattenseite, für die Tik Tok bekannt ist. Aber es gibt so viele Menschen, die tatsächlich was Schönes machen und sich Mühe geben, wie zum Beispiel die Künstler oder diejenigen, die etwas Handwerkliches machen, Schmuck herstellen oder auch die Cosplayer, von denen es wirklich richtig gute gibt. *Kaici* oder *ijennyan* zum Beispiel geben sich Mühe, immer positiv zu sein und Leuten zu helfen. Diejenigen, die es hassen, sehen nur die schlechten Seiten.

d. Erik

Tik Tok liest eifrig Daten aus, beispielsweise den Aufenthaltsort des Nutzers sowie all seine Telefonkontakte. Was mit den Daten geschieht und wo sie liegen, das weiß man nicht so genau. Damit die jungen Nutzer viele Likes und Herzchen für ihre Postings bekommen können, sind ihre Profile als öffentlich voreingestellt – allerdings behält sich Tik Tok auch vor, diese privat erstellten Filmchen auch auf anderen Plattformen abzuspielen. Wer dies unterbinden möchte, kann seinen Zuschauerkreis auf ausgewählte Kontakte beschränken. Datenschützer kritisieren außerdem, dass die Datenschutzerklärung nur auf Englisch hinterlegt ist. Gerade, wenn Fremde, auch Erwachsene, die Möglichkeit haben, Kinder in Tik Tok anzusprechen, besteht die Gefahr des Groomings. Das bedeutet, dass diese Menschen das Vertrauen von Kindern gewinnen, um außerhalb der App mit ihnen in Kontakt treten zu können und sie womöglich sogar persönlich zu treffen. Manche geben sich beispielsweise als Talentsucher aus. Dies kann der erste Schritt zu späterem Missbrauch werden.

vorgeschlagene Arbeitszeit: 12 Minuten

Modellsatzübung Lesen Teil 4

Sie lesen in einer Zeitschrift Meinungsäußerungen zum Thema „digitales Lesen oder traditionelle Bücher". Welche Äußerung passt zu welcher Überschrift? Eine Äußerung passt nicht. Die Äußerung a ist das Beispiel und kann nicht noch einmal verwendet werden.

Beispiel

0. Das Lesen eines Papierbuchs ist anspruchsvoller und man ist dabei konzentrierter.

Lösung: a

1. Inhalte und Lesestile spielen eine entscheidende Rolle.

2. Papierbücher lassen sich mit viel mehr Ruhe und Bedacht lesen.

3. Für ein tieferes Verständnis sollte man ein Papierbuch lesen.

4. Traditionelles Lesen ist wichtig für Kinder und Jugendliche.

5. Digitales Lesen könnte die Gehirnentwicklung fördern.

6. Man kann auch mit geeigneter Gestaltung digitales Lesen genießen.

Digitales Lesen oder traditionelle Bücher

a. Beim Lesen eines Buches bleibt mehr hängen und es hat auch einen höheren Anspruch. Beim Bildschirm-Lesen flackert jeder Blödsinn rüber: Jeder kann irgendwas schreiben und per Knopfdruck in die Welt senden. Lesen lernt man durch Lesen. Wenn nur noch kurze Nachrichten über kleine Bildschirme gelesen werden, ist das hochproblematisch.

Noah, Reutlingen

b. Das Leseverhalten hat sich durch die Digitalisierung verändert, auch jüngere Kinder lesen schon digital. Bei längeren Texten, die auf dem Handy, Tablet, am PC- oder Laptop-Bildschirm gelesen würden, gibt es Schwierigkeiten, das Gelesene tiefer zu verarbeiten und im Gedächtnis abzuspeichern.

Karin, Leipzig

c. Digitales Lesen heißt auch multimediales Lesen, mit Hyperlinks, bewegten und interaktiven Grafiken, Animationen – solche digitalen Leseelemente können das Gehirn stark beanspruchen. Ein Beispiel: Bei einer Internet-Suchaufgabe beobachten die Forscher sehr viel Aktivität im Frontalbereich des Gehirns.

Benjamin, Freiburg

d. Lesen im Internet ist anstrengender und tendenziell oberflächlicher. Ressourcen, die für ein tiefes Lesen nötig wären, werden leicht durch Klicken und Multimedia verschwendet. Das längere Lesen funktioniert am Bildschirm oder Screen nicht so gut wie das Lesen eines Buches. Das Lesen auf Papier, das Lesen längerer Texte in Büchern sei sehr wichtig. Das muss unbedingt bleiben. Was man dabei lernt – Konzentration, Gedankengänge länger verfolgen – erweitert das Gehirn.

Lena, Stuttgart

e. Das Fazit war eher, dass es auf den Inhalt ankommt und wie man damit umgeht. Ein Buch animiert natürlich weniger zum „Zappen", aber mit etwas Disziplin kann man auch alles digital lesen und verstehen. Der einzige echte Vorteil vom Buch: die zeitliche Abfolge im Gelesenen wird sich unbewusst besser gemerkt, weil man durch die einzelnen Seiten eine gewisse räumliche Struktur hat.

Jasmin, Bonn

f. Wenn ich mir aber ein Buch zur Hand nehme oder eine gedruckte Zeitschrift oder Zeitung, dann nehme ich mir bewusst Zeit, setzte mich irgendwo in Ruhe hin und kann geduldig in den Text eintauchen. Viele längere Internet-Artikel drucke ich mir daher inzwischen manchmal aus, weil sie sich so einfach viel besser lesen lassen.

Alex, Regensburg

g. Papier bleibt King, aber man kann sich das Bildschirmleben auch angenehmer gestalten. Ein gutes Display mit hoher Pixeldichte und gutem Kontrast, das nicht zu hell eingestellt ist und groß genug, um es nicht direkt vor die Augen halten zu müssen, wirkt Wunder. Die meisten starren halt in ihre Billiglaptops, lassen sich von ihren „HDR" Monitoren die Netzhaut grillen, oder halten sich das Handy 10cm vors Gesicht.

Jan, Berlin

h. Bücher haben also, genauso wie händisch schreiben versus tippen, Vorteile bei der Aufnahme und dem Lernprozess, welche auch gerade bei Jüngeren wichtig sind. Aber natürlich ist man auch selbst verantwortlich, aufmerksam etwas zu lesen - ob nun digital oder eben nicht.

Erika, Hamburg

Modellsatzübung Hören Teil 3

Sie hören im Radio ein Gespräch mit mehreren Personen. Die Personen sprechen über das Phänomen „Gewaltspiele". Sie hören den Text **einmal**. Wählen Sie bei jeder Aufgabe: Wer sagt das?

Lesen Sie jetzt die Aufgaben 1 bis 6. Dazu haben Sie 60 Sekunden Zeit.

Beispiel

0. Beim letzten Mal ging es um ein ähnliches Thema.

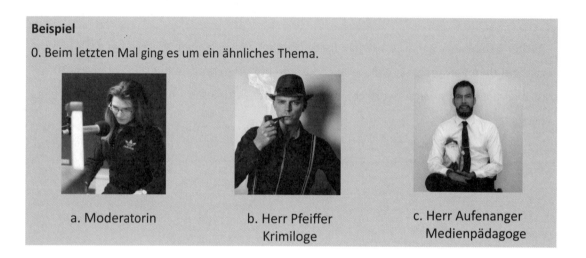

a. Moderatorin

b. Herr Pfeiffer
   Krimiloge

c. Herr Aufenanger
   Medienpädagoge

1. Gewaltspiele werden bei manchen Menschengruppen auf ihren negativen Einfluss untersucht.

   a. Moderatorin   b. Herr Pfeiffer   c. Herr Aufenanger

2. Sie/ Er bezweifelt das Verhältnis zwischen Gewaltspielen und Aggressivität.

   a. Moderatorin   b. Herr Pfeiffer   c. Herr Aufenanger

3. Ihrer/ Seiner Meinung nach erhöhen die Gewaltspiele lediglich das Risiko von Gewalt.

   a. Moderatorin   b. Herr Pfeiffer   c. Herr Aufenanger

4. Gewaltspiele werden in Deutschland viel mehr verbreitet als denn je.

   a. Moderatorin   b. Herr Pfeiffer   c. Herr Aufenanger

5. Dank anderer sinkender Belastungsfaktoren ist die Gewalt von Jugendlicher nicht so schlimm wie früher.

   a. Moderatorin   b. Herr Pfeiffer   c. Herr Aufenanger

6. Gewaltmedien sind nur ein Faktor, warum es unter Jugendlichen Gewalt gibt.

   a. Moderatorin   b. Herr Pfeiffer   c. Herr Aufenanger

Modellsatzübung Hören Teil 4

Sie hören einen kurzen Vortrag. Die Rednerin spricht über das Thema „Mediensucht". Sie hören den Text **zweimal**. Wählen Sie bei jeder Aufgabe die richtige Lösung.

Lesen Sie jetzt die Aufgaben 1 bis 8. Dazu haben Sie 90 Sekunden Zeit.

1. Was wird im Umgang mit Medien immer schwieriger?

    a. Mediensucht zu vermeiden.

    b. Online und offline zu trennen.

    c. Mediensucht vorzubeugen.

2. Wer leidet besonders unter Mediensucht?

    a. Unter Stress stehende Menschen.

    b. Interaktionsfähige Menschen.

    c. Menschen mit Altersproblemen.

3. Was ist die Folge von „FOMO"?

    a. Man verliert das Selbstbewusstsein.

    b. Man behält sein Smartphone kürzer.

    c. Man guckt immer wieder aufs Handy.

4. Welche Meinung zum Netz vertritt die Sprecherin?

    a. Es ist problematisch, dass man im Netz Belohnung bekommt.

    b. Man flüchtet oft ins Netz, um positives Feedback anzustreben.

    c. Man fühlt sich im Netz wohler, weil man dort mehr Freunde hat.

5. Welches Symptom von Mediensucht spielt eine eher untergeordnete Rolle?

    a. Vernachlässigung von sozialen Kontakten.

    b. Körperliche und psychische Schwierigkeiten.

    c. Ständiger Aufenthalt im Internet.

6. Was kann man gegen Mediensucht tun?

   a. Ein Tagebuch schreiben.

   b. Die Nutzungszeiten notieren.

   c. Den Internetkonsum aufzeichnen.

7. Wie kann man den Medienkonsum einschränken?

   a. Sich in den sozialen Rahmen einzuordnen.

   b. Sich das Nutzungsziel bewusst zu machen.

   c. Schnell das nächste Level im Spiel zu erreichen.

8. Die Mediensucht ...

   a. führt zu Verunsicherung bei jungen Nutzern.

   b. ist leicht zu bestimmen und zu bekämpfen.

   c. sollte man sorgfältig behandelt werden.

vorgeschlagene Arbeitszeit: 50 Minuten

Modellsatzübung Schreiben Teil 1

Sie schreiben einen Forumsbeitrag zur Nutzung von digitalen Medien.

- Äußern Sie Ihre Meinung zur Veränderung durch digitale Medien.
- Nennen Sie Gründe, warum digitale Medien so verbreitet sind.
- Nennen Sie andere Möglichkeiten, Informationen zu bekommen.
- Nennen Sie Vorteile der anderen Möglichkeiten.

Denken Sie an eine Einleitung und einen Schluss. Bei der Bewertung wird darauf geachtet, wie genau die Inhaltspunkte bearbeitet sind, wie korrekt der Text ist und wie gut die Sätze und Abschnitte sprachlich miteinander verknüpft sind. Schreiben Sie mindestens **150** Wörter.

Dauer: für beide Teilnehmende ca. 8 Minuten

Modellsatzübung Sprechen Teil 1

Sie nehmen an einem Seminar teil und sollen dort einen kurzen Vortrag halten. Wählen Sie ein Thema (A oder B) aus. Ihre Gesprächspartnerin/Ihr Gesprächspartner hört zu und stellt Ihnen anschließend Fragen.

Strukturieren Sie Ihren Vortrag mit einer Einleitung, einem Hauptteil und einem Schluss.

Ihre Notizen und Ideen schreiben Sie bitte in der Vorbereitungszeit auf.

Sprechen Sie circa vier Minuten.

Thema A

Soziale Netzwerke

- Beschreiben Sie mehrere Alternativen.
- Nennen Sie Vor- und Nachteile und be-
  werten Sie diese.
- Beschreiben Sie eine Möglichkeit genauer.

Thema B

Digitale Medien unter Kindern

und Jugendlichen

- Beschreiben Sie mehrere Alternativen.
- Nennen Sie Vor- und Nachteile und be-
  werten Sie diese.
- Beschreiben Sie eine Möglichkeit genauer.

Einheit 7 Gesundheit und Medizin

Wortschatz und Struktur

1. **Kennen Sie diese Begriffe? Verbinden Sie korrekt die Informationen aus den beiden Gruppen (1-10 und a-j) wie im Beispiel.**

1) f. Schlankheitskur

a. ist eine Art Droge, deren Legalisierung eine heftige Diskussion auslöst.

2) n. Insulin

b. Zu niedriger Blutzuckerspiegel und kann zur Bewusstlosigkeit führen.

3) m. Diabetes

c. hilft den Zellen, den Zucker aus dem Blut aufzunehmen.

4) m. Cannabis

d. sorgt dafür, dass man abnimmt und die Grundlage für eine dauerhafte Gesundheit bekommt.

5) f. Unterzuckerung

e. wird im Volksmund auch „Zuckerkrankheit" genannt.

6) m. Erkältungssaft

f. für die Berechnung der Menge an Kohlenhydraten in Speisen als Hilfe für Personen, besonders für Patienten mit Diabetes, um gefährliche Schwankungen des Blutzuckergehalts zu vermeiden.

7) n. Arzneimittel

g. sind ein Forschungsfeld mit zahlreichen Disziplinen, wie etwa die Neurophysiologie und Neuropsychologie.

8) f. Broteinheit

h. Saft gegen Fieber und Schmerzen

9) f. Neurowissenschaften

i. Verbindung aus Kohlenstoff, Wasserstoff und Sauerstoff

10) n. Kohlenhydrat

j. Heilmittel, z.B. Medikamente

2. Erklären Sie mit Relativsatz, was der Begriff bedeutet.

Beispiel: Die Schlankheitskur ist eine Kur, die dafür sorgt, dass man abnimmt und die Grundlage für eine dauerhafte Gesundheit bekommt.

a. Das Insulin …

b. Der Diabetes …

c. Der Cannabis …

d. Die Unterzuckerung …

e. Der Erkältungssaft …

f. Das Arzneimittel …

g. Die Broteinheit …

h. Die Neurowissenschaften …

i. Das Kohlenhydrat …

3. Finden Sie ein passendes Verb. Achten Sie auf die korrekte Verbendung.

verlieren   messen   verspüren   spritzen   umrechnen
daneben/gehen   erachten   erleiden   anfallen   stützen

a. Sie _____ bereits die Wirkung der Medizin und fühlt sich jetzt viel besser.

b. Er ist zuckerkrank und muss sich täglich Insulin _____ .

c. Der Arzt _____ die Temperatur des Patienten.

d. Die Städte im Ruhrgebiet _____ an Bedeutung.

e. Neben der Reparatur würden auch an anderen Stellen deutlich hohe Kosten _____

_____ .

f. Eine Legalisierung von Cannabis wird als falschen Schritt _____ .

g. Jedes Jahr _____ einige junge Leute eine Drogenvergiftung.

h. Wegen Diabetes muss sie die Kohlenhydrate in ihren Mahlzeiten in sogenannte Broteinheiten

_____ .

i. Das Experiment ist _____ und muss noch mal durchgeführt werden.

j. Die Schlankheitskur _____ sich auf Ernährung, Therapie und Bewegung.

4. Ordnen Sie die Begriffe den Kategorienrastern zu. Ergänzen Sie in jeder Spalte ein bis zwei Begriffe.

Cannabis rauchen	ein warmes Bad nehmen	Milchprodukte tanzen
Sport treiben	ausreichend Eiweißlieferanten	Erholung in der Natur
ausreichend Schlaf	Übungen im Fitnessstudio	ein schönes Buch lesen
gute Musik hören	Vitamin Stress abbauen	am Home-Trainier Sport machen
in die Sauna gehen	beschleunigter Puls und Atmung	Kohlenhydrate
viel Alkohol trinken	Schönheitskuren machen	Fertiggerichte essen
im Wachzustand relaxen	Vollkornprodukte überdosieren	rauchen
regelmäßige Körperuntersuchung	Burnout richtiges Durchatmen	Mineralstoff

GESUND LEBEN			UNGESUND LEBEN	
Ernährung	Bewegung	Entspannung	Essen	Anderes

5. Formulieren Sie mithilfe dieses Wortschatzes Tipps für die folgenden Personen:

Person A: ein gestresster Ingenieur, der so gut wie keine Freizeit hat.

Person B: eine Studentin, die kurz vor ihrer Deutschprüfung steht.

Person C: eine alleinerziehende Mutter mit zwei Söhnen.

Person D: ein Jungmanager, der keine Zeit fürs Kochen hat.

Person E: eine 60-jährige Frau, die sehr häufig Rückenschmerzen erleidet.

Redemittel:

Der gestresste Ingenieur sollte auf jeden Fall …

Wenn ich die junge Mutter wäre, würde ich versuchen, … zu ….

Die Studentin könnte …

vorgeschlagene Arbeitszeit: 12 Minuten

Modellsatzübung Lesen Teil 2

Sie lesen in einer Zeitschrift einen Artikel über Diabetes.

Welche Sätze passen in die Lücken? Zwei Sätze passen nicht.

Diabetes
Die Epidemie, die bleibt, wenn Corona vorbei ist

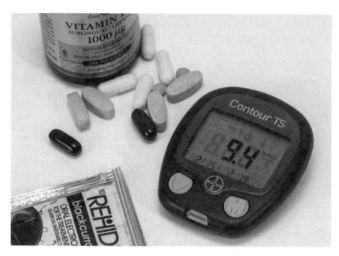

Jedes Jahr erhalten 560.000 Menschen in Deutschland die Diagnose Diabetes Mellitus. In 90% bis 95% der Fälle handelt es sich um Diabetes Typ 2, im Volksmund auch Zuckerkrankheit genannt.

[...0...] Steigt der Zugang zu industriell verarbeiteter Nahrung, steigt auch die Anzahl der Typ-2-Diabetiker eines Landes rasant.

[...1...] Während Typ-2-Diabetiker noch Insulin produzieren, dieses aber nicht mehr von den Zellen aufgenommen werden kann, wird bei Typ 1 und 3 gar kein Insulin mehr produziert. Das Immunsystem der Patienten hat die Zellen, die für die Insulinproduktion zuständig sind, zerstört. Aus diesem Grund wird es als Autoimmunerkrankung bezeichnet.

Insulin ist das Hormon, welches den Zellen hilft, den Zucker aus dem Blut aufzunehmen. [...2...] Bei Diabetikern sammelt sich der Zucker im Blut an und kann nicht in Energie umgewandelt werden. Der Blutzuckerspiegel steigt, was auf lange Sicht schwere Folgen für die Nieren, Nerven und Augen haben kann. Bleibt die Krankheit unentdeckt, kann es zum diabetischen Koma kommen.

Bevor dies geschieht, deuten sich allerdings eindeutige Symptome an: [...3...] Außerdem verlieren sie stark an Gewicht und klagen über Müdigkeit.

Ab der Diagnose müssen alle Diabetiker mehrmals täglich ihren Blutzuckerspiegel messen. Der Diabetes Typ 2 wird meist mit Medikamenten behandelt, die den Blutzuckerspiegel senken. [...4...] Um die passende Menge zu spritzen, müssen sie die Kohlenhydrate in ihren Mahlzeiten in sogenannte Broteinheiten umrechnen. Zwölf Gramm Kohlenhydrate bilden hierbei eine Broteinheit. Allerdings spielen in die Berechnung auch weitere Faktoren wie Tageszeit, körperliche Aktivität und Hormone eine Rolle. [_5_]

Die Berechnungen können also auch mal daneben gehen. Spritzt sich die betroffene Person zu viel Insulin, kommt es zu einer Unterzuckerung. Sie kann sich durch Zittern, Schweißausbrüche, Herzrasen und Verwirrtheit bemerkbar machen. [...6...] Daher ist es wichtig, schnell zu handeln und dem Körper Zucker zuzuführen. Aus diesem Grund haben Diabetiker, die sich Insulin spritzen, immer ein Päckchen Orangensaft oder Traubenzucker in der Tasche.

Beispiel

0. Diese Krankheit hat sich in den Industrienationen zu einer regelrechten Epidemie entwickelt.

Lösung 0

a. Auch der zeitliche Abstand zwischen Spritzen und Essen ist zu bedenken.

b. Die Betroffenen verspüren starken Durst, trinken viel und müssen darum häufiger die Toilette aufsuchen.

c. Mithilfe eines am Körper angebrachten Sensors messen sie ihren Blutzuckerwert.

d. Die restlichen 5% bis 10 % sind von Diabetes Typ 1 oder dem seltenen Typ 3 betroffen.

e. Typ-1-Diabetiker hingegen müssen sich umgehend selber Insulin spritzen.

f. Dieser Zustand kann unbehandelt zur Bewusstlosigkeit führen.

g. Auf diesem Wege erhält unser Körper Energie.

h. Es gibt auch die Möglichkeit einer Insulinpumpe.

Modellsatzübung Lesen Teil 4

Sie lesen in einer Zeitschrift Meinungsäußerungen zum Fleischkonsum. Welche Äußerung passt zu welcher Überschrift? Eine Äußerung passt nicht. Die Äußerung a ist das Beispiel und kann nicht noch einmal verwenden.

Beispiel

0. Viele Nährstoffe stecken im Fleisch. Lösung: a

1. Man sollte auf eine fleischarme Ernährung umsteigen.

2. Fleischkonsum gehört zu unserer Tradition.

3. Es gibt auch gesunde Alternativen zu Fleischprodukten.

4. Bei der Fleischproduktion fehlen ethische Grundlagen.

5. Weniger Fleisch auf dem Teller erleichtert den Körper.

6. Fleischkonsum führt zu Zivilisationskrankheiten.

a. Fleisch zählt seit jeher zu den Grundnahrungsmitteln der Menschen. Es liefert hochwertiges Eiweiß, Eisen, B-Vitamine und Mineralien und gehört zusammen mit Ei- und Milcheiweiß zu den Proteinen mit der höchsten biologischen Wertigkeit. Das tierische Eiweiß kann vom Körper leicht aufgenommen und verarbeitet werden.

Petra, Bonn

b. Fleisch an sich ist ein wichtiges Lebensmittel. Es liefert viel wertvolles Eiweiß, Vitamine und große Mengen Eisen. Doch je nach Fleischsorte und Art der Zubereitung stecken auch viel zu viel Fett, Kochsalz, Konservierungsmittel und manchmal sogar Antibiotika im Fleisch. Die Folge von zu viel Fleisch- Genuss sind oft ein zu hoher Cholesterinspiegel und Herz-Kreislauf-Erkrankungen.

Micha, Rostock

c. Fleisch spielt zweifellos in der täglichen Ernährung eine bedeutende Rolle. Allerdings ist es heute nicht mehr nötig, Fleisch zu essen, wenn wir uns gesund ernähren wollen, denn alle Nährstoffe kommen auch in anderen Lebensmitteln vor. Für eine gesunde Ernährungsweise kommt m. E. veganes oder vegetarisches Essen auf jeden Fall in Frage.

Alex, Lübeck

d. Viele Menschen denken, dass sie ohne Fleisch nicht leben können und dass mit pflanzlicher Ernährung nicht alle wichtigen Stoffe für den Körper bekämen, zum Beispiel Vitamine. Zwar sind Fleischprodukte oft viel billiger als Gemüse, aber man kann sich anders ernähren, also weniger Fleisch oder gar kein Fleisch. Momentan liegen Gerichte ohne Fleisch voll im Trend.

Elisabeth, Bremen

e. Ich bin dagegen, dass man heute immer noch sehr viel Fleisch isst. Das ist weder gut für die Gesundheit noch für die Natur, weil durch die intensive Bewirtschaftung der Agrarflächen viele giftige Spritzmittel eingesetzt und das Grundwasser belastet werden. Auch durch große Mengen an Tierfäkalien muss Trink- und Grundwasser aufwändig gereinigt werden.

Heinz, Hamburg

f. Die Massentierhaltung finde ich schrecklich, und damit muss ein Ende sein. Kommerziell hergestellte Fleischprodukte werden durch Massentierhaltung hergestellt. Die meisten Tiere werden wie eine Maschine behandelt, die lediglich dem Zwecke dient, Fleisch zu produzieren. Ihr kurzes und grausames Leben verbringen die Tiere meistens, ohne jemals echtes Sonnenlicht gesehen zu haben. Von einer fleischreichen Ernährung wird abgeraten.

Lasse, Krefeld

g. Es gibt verschiedene Gründe dafür, den Konsum von tierischen Produkten zu reduzieren. Allerdings sind Menschen von Natur aus „Allesesser". Das heißt, dass wir neben pflanzlicher auch tierische Nahrung aufnehmen sollten. Fleischkonsum hat sich zudem als Teil unserer biologischen und kulturellen Evolution entwickelt. In den meisten Teilen der Welt ist das Essen von Fleisch ein Bestandteil wichtiger Traditionen.

Lukas, Stuttgart

h. Durch weniger Fleischkonsum nimmt man gleichzeitig weniger tierische Kalorien zu sich. Durch diesen positiven Nebeneffekt hat man die Chance, hier und da ein paar Pfunde an Körpergewicht zu verlieren und seiner Gesundheit einen Schub zu verpassen.

Laura, München

Modellsatzübung Hören Teil 1

Sie hören fünf Gespräche und Äußerungen. Sie hören jeden Text **einmal**. Zu jedem Text lösen Sie zwei Aufgaben. Wählen Sie bei jeder Aufgabe die richtige Lösung.

Lesen Sie jetzt die Aufgabe 1 und 2. Dazu haben Sie 15 Sekunden Zeit.

1. Das Gespräch findet in der Arztpraxis statt.　　　　　　　Richtig ⎵ Falsch

2. die junge Mutter bekommt …

    a. die grüne Flasche.

    b. Saft gegen Fieber.

    c. einen anderen Erkältungssaft.

3. Im Radio geht es um eine Werbung für Arzneimittel.　　　　Richtig ⎵ Falsch

4. Der Prospan Hustensaft kann nicht direkt bei … anwenden.

    a. neu Geborenen

    b. Kleinkindern

    c. Kindern

5. Die Patientin weiß genau, auf welches Medikament umgestellt werden sollte.

    Richtig ⎵ Falsch

6. Sie stört am meisten die Nebenwirkung, …

    a. starke Schmerzen zu haben.

    b. sich am Arbeitsplatz nicht konzentrieren zu können.

    c. mehr Kilos auf die Waage als zuvor zu bringen.

7. Im Bericht geht es um die Statistik zu Rückenschmerzen.　　Richtig ⎵ Falsch

8. Wie viele Bevölkerungen leiden im Moment an Rückenschmerzen?

    a. 50%.

    b. 80%.

    c. 45% bis 60%.

9. Frau Kuhlmann ist sehr zufrieden mit der neuen Schlankheitskur.　Richtig ⎵ Falsch

10. Vegetarier und Veganer ...

    a. passt kein Rezept.

    b. müssen das Rezept entsprechen ändern.

    c. können das Rezept unmittelbar anwenden.

Modellsatzübung Hören Teil 2

Sie hören im Radio ein Interview mit einer Persönlichkeit aus der Wissenschaft. Sie hören den Text **zweimal**. Wählen Sie bei jeder Aufgabe die richtige Lösung. Lesen Sie jetzt die Aufgabe 1 bis 6. Dazu haben Sie 90 Sekunden Zeit.

1. Worum geht es in dem Interview? Das Interview erörtert ...

   a. Übergewicht in der modernen Gesellschaft.

   b. das optimale Körpergewicht.

   c. Übergewicht und dem Krankheitsrisiko.

2. Wie viele Frauen sind mittlerweile in Deutschland zu dick?

   a. Zwei Drittel.

   b. Die Hälfte.

   c. Ein Siebtel.

3. Welche Faktoren beziehen in die Berechnung vom BMI ein?

   a. Gewicht und Fett.

   b. Muskel und Fett.

   c. Gewicht und Größe.

4. Was ist besser geeignet, ein gesundes Gewicht zu definieren?

   a. Formeln, die den Body-Mass-Index mit einbeziehen.

   b. Formeln, die den Taillenumfang des Menschen ausschließen.

   c. Formeln, die den Körperbau des Menschen mit einbeziehen.

5. Was erfahren Sie vom Fett?

   a. Fett hat eine höhere Volumendichte als Muskeln.

   b. Die Position von Körperfett spielt eine entscheidende Rolle.

   c. Ein Kubikzentimeter Fett ist schwerer als ein Kubikzentimeter Muskelgewebe.

6. Was ist schädliches Fett?

a. Das tiefliegende Bauchfett.

b. Das Fett an Beinen und Po.

c. Das Unterhautfettgewebe.

vorgeschlagene Arbeitszeit: 50 Minuten

Modellsatzübung Schreiben Teil 1

Sie schreiben einen Forumsbeitrag zu gesunder Ernährung.

- Äußern Sie Ihre Meinung zu Fertiggerichten.
- Nennen Sie Gründe, warum Fertiggerichte bei jungen Menschen beliebt sind.
- Nennen Sie andere Möglichkeiten, sich zu ernähren.
- Nennen Sie Vorteile der anderen Ernährungsmöglichkeiten.

Denken Sie an eine Einleitung und einen Schluss. Bei der Bewertung wird darauf geachtet, wie genau die Inhaltspunkte bearbeitet sind, wie korrekt der Text ist und wie gut die Sätze und Abschnitte sprachlich miteinander verknüpft sind. Schreiben Sie mindestens **150** Wörter.

Dauer: für beide Teilnehmende ca. 8 Minuten

Modellsatzübung Sprechen Teil 1

Sie nehmen an einem Seminar teil und sollen dort einen kurzen Vortrag halten.

Wählen Sie ein Thema (A oder B) aus. Ihre Gesprächspartnerin/Ihr Gesprächspartner hört zu und stellt Ihnen anschließend Fragen.

Strukturieren Sie Ihren Vortrag mit einer Einleitung, einem Hauptteil und einem Schluss.

Ihre Notizen und Ideen schreiben Sie bitte in der Vorbereitungszeit auf.

Sprechen Sie circa 4 Minuten.

Thema A

Rauchverbot an öffentlichen Plätzen

- Beschreiben Sie mehrere Möglichkeiten (z.B. in Restaurants).
- Nennen Sie Vor- und Nachteile und bewerten Sie diese.
- Beschreiben Sie eine Möglichkeit genauer.

Thema B

Schlankheitskuren

- Beschreiben Sie mehrere Möglichkeiten (z.B. Diät machen).
- Nennen Sie Vor- und Nachteile und bewerten Sie diese.
- Beschreiben Sie eine Möglichkeit genauer.

Einheit 8 Studium und Arbeitswelt

Wortschatz und Struktur

1. **Finden Sie ein passendes Nomen für die Sätze. Achten Sie auf die Pluralformen.**

> das Gehalt, ..er   der Pendler,-   der Arbeitskampf, ..e   die Arbeitsbedingung, -en
>
> die Weiterbildung, -en   die Stellenanzeige, -n   die Bewerbung, -en
>
> die Ausbildung, -en   die Anforderung, -en   die Schlüsselqualifikation, -en

a. Das durchschnittliche _____ für Ärzte in Deutschland liegt bei etwa 90.000€ brutto im Jahr.

b. Jakob schließt bald seine _____ zum Mechatroniker ab.

c. Eine _____ besteht normalerweise aus einem Motivationsschreiben, dem Lebenslauf und Zeugnissen.

d. Der Arbeitsplatz ist oft in derselben Stadt, in der man wohnt. Aber die Leute, die nicht in derselben Stadt wohnen, in der sie auch arbeiten, nennt man _____.

e. _____ ist ein anderes Wort für Streik. Die Angestellten streiken, wenn sie mit dem Arbeitgeber keinen Kompromiss finden konnten.

f. Schlechte _____ sind oft ein Grund für einen Arbeitskampf.

g. Ein Mensch lernt sein Leben lang. Berufliche _____ sind wichtig, um immer auf dem neusten Stand zu bleiben.

h. Bei der Arbeitssuche liest man viele _____ und bewirbt sich auf die Stellen, die in Frage kommen.

i. In einem Beruf sind nicht nur Fachkenntnisse, sondern auch _____ wichtig.

j. Ich fühlte mich den _____ nicht gewachsen und deshalb habe ich gekündigt.

2. **Finden Sie das richtige Reflexivverb und füllen die Lücken. Achten Sie auf das Reflexivpronomen, Dativ oder Akkusativ.**

---
sich vorstellen   sich lassen   sich aufregen   sich einschreiben   sich fortbilden

sich erkundigen   sich melden   sich verändern   sich weiterbilden   sich nehmen

---

a. Die Arbeitswelt _____ _____, vor allem durch die Digitalisierung.

b. _____ _____ nicht über die Fehler der anderen in der Arbeit _____! Du bist selbst nicht perfekt.

c. Warum habt ihr _____ nicht für den fortgeschrittenen Kurs _____?

d. _____ _____ Zeit, es eilt nicht. Du hast genug Zeit für das neue Projekt.

e. Ich werde _____ _____, welche Materialien ich für das Vorstellungsgespräch vorbereiten soll.

f. An der Volkshochschule kann man _____ auf verschiedenen Gebieten _____.

g. Karl ist so schüchtern – er _____ _____ im Unterricht nie.

h. Ich _____ _____ morgen Zeit und gehe mit dir zum Chinesischunterricht.

i. Wenn du in deinem Job gut sein willst, musst du _____ ständig _____.

j. Kannst du _____ _____, wie schwer es jetzt ist, neue Arbeit zu finden?

3. Verbinden Sie!

1)	zur Verfügung	a.	vertreten
2)	unter Kontrolle	b.	begehen
3)	Abschied	c.	stellen
4)	Fehler	d.	bringen
5)	Ansicht/Meinung	e.	nehmen
6)	im Stich	f.	nehmen
7)	in Angriff	g.	ziehen
8)	in Erwägung	h.	lassen
9)	Einfluss	i.	finden
10)	Beifall	j.	aus/üben

4. Notieren Sie das richtige Funktionsverbgefüge aus Aufgabe 3.

a. Jemandem bei Problemen nicht helfen

_____

b. verabschieden

_____

c. meinen

_____

d. beginnen, etwas zu tun

_____

e. anbieten

_____

f. kontrollieren

_____

g. erwägen

_____

h. Fehler machen

_____

i. Zustimmung finden

_____

j. beeinflussen

_____

5. Ergänzen Sie das richtige Wort aus Aufgabe 3. Achten Sie auf die Zeitform.

a. Er war sehr traurig, als er von der Familie _____ _____ .

b. Der neue Film _____ in ganz Deutschland schnell _____ .

c. Die Kindergärtnerin hat einen großen _____ _____ , weil sie das Kind alleine im Zimmer gelassen hat.

d. Der Vater _____ zu großen _____ auf die Kinder _____ .

e. Du hast mich so oft _____ _____ _____ . Immer wenn ich Probleme hatte, warst du nicht da.

f. Eine entsprechende Behandlung der weiteren Krankheiten des Patienten, wie etwa Bluthochdruck, sollte ebenfalls _____ _____ _____ _____ werden.

g. Nächste Woche _____ wir das neue Projekt _____ _____ .

h. Einige _____ die _____ , dass diese 3G-Regel nicht eingeführt werden soll.

i. Die Situation hat man mit strengen Maßnahmen schon _____ _____ _____ .

j. Momentan _____ die Regierung genügend Geräte _____ _____ .

vorgeschlagene Arbeitszeit: 12 Minuten

Modellsatzübung Lesen Teil 3

Sie lesen in einer Zeitung einen Artikel über die Chancen und Risiken des deutschen Bildungssystems. Wählen Sie bei jeder Aufgabe die richtige Lösung.

Das deutsche Bildungssystem – gerecht?

Das deutsche Bildungssystem birgt Chancen und Risiken. Der deutsch-rumänische Bildungsforscher Klaus Albu-Müller beschäftigt sich seit zwei Jahrzehnten intensiv mit dem deutschen Bildungssystem. Er stellt fest: Wir fokussieren uns zu sehr auf Kleinigkeiten und verlieren immer stärker das große Ganze aus den Augen.

Noch immer wird nach Abschluss der vierten Klasse jedem Kind eine Empfehlung ausgesprochen, die den weiteren Bildungsweg festlegt. Der kleine Zettel im großen Umschlag entscheidet, ob es für die 10-Jährigen aufs Gymnasium, die Hauptschule oder die Realschule geht. Zwar fällt diese Entscheidung in manchen Bundesländern erst nach der sechsten Klasse, dennoch wurde immer wieder Kritik laut, dieser Zeitpunkt käme zu früh und mache es den Kindern schwer, sich frei zu entwickeln. Denn genau diese Entscheidung präge den gesamten Bildungsweg der Schulkinder: Die weiterführende Schule (Hauptschule, Realschule, Gymnasium) kann praktisch nicht mehr gewechselt werden, so die These.

Allerdings sprechen einige Zahlen dagegen, denn heutzutage besuchen 15% der Schüler/innen ein Fachgymnasium oder eine Fachoberschule, während es vor 50 Jahren lediglich 3% waren. Diese Einrichtungen der Aufbauschulen ermöglichen es den Schüler/innen, ihre Hochschulreife, also ihr Abitur, zu erlangen, auch wenn sie zuvor kein Gymnasium besucht haben. Vielfach wird hier vor allem von Politikern betont, die sozialen Bildungsungleichheiten würden so wieder ausgeglichen. Besonders Schüler/innen mit Migrationshintergrund oder aus bildungsferneren Schichten stammende Kinder würden von dem Angebot profitieren.

Der in der Türkei geborene Schüler Semih (18) berichtet: „Damals in der vierten Klasse habe ich eine Empfehlung für die Hauptschule erhalten. Meine Eltern fielen aus allen Wolken, denn sie kannten mich als ihren schlauen und neugierigen Sohn. Meine Klassenlehrerin erklärte uns dann, auch sie würde das in mir sehen, aber mein Deutsch sei noch nicht ausgereift genug für das Gymnasium. Auf der Hauptschule hatte ich die Chance, mein Deutsch zu verbessern, ohne mich überfordert zu fühlen. Nun stecke ich mitten in den Abiturvorbereitungen und Deutsch ist mein Lieblingsfach. Ich bin stolz und froh, dass es die Fachgymnasien gibt!"

Die Tatsache, dass die Anzahl der Schüler/innen, die ihr Abitur machen, steigt, ist natürlich erfreulich, denn es ermöglicht ihnen den Zugang zur Universität. Es hat jedoch den Nebeneffekt, dass die Haupt- und Realschulabschlüsse an Wert auf dem Arbeitsmarkt und Anerkennung in der Gesellschaft verlieren. Außerdem bleibt noch immer auffällig, dass Arbeiterkinder, also Kinder von nicht studierten Eltern, weitaus seltener die Universität besuchen als die sogenannten Akademikerkinder.

Doch wie wichtig ist Bildung wirklich? Ist sie eine Lösung für alles? Bildungsforscher Albu-Müller weist auf die Rolle von Akademikern beim CO_2-Verbrauch sowie unter Populisten und Extremisten hin: hier machen gerade gebildete Menschen einen Großteil aus. Entgegen geltender Vorurteile liegt ein verquereS Weltbild also nicht an fehlender Bildung. Man müsse die Prioritäten unserer Gesellschaft neu überdenken, findet Klaus Albu-Müller. Seine Ideen möchte er in seinem nächsten Buch vorstellen.

Beispiel

0. Klaus Albu-Müller ist der Meinung, dass ...

a. wir uns mehr auf die berufliche Ausbildung fokussieren sollten.

b. wir einen Schritt zurückgehen müssen, anstatt uns auf Details zu fokussieren.

c. Bildung Voraussetzung für einen hohen Lebensstandard ist.

1. Die Vorwürfe am deutschen Bildungssystem ...

   a. richten sich insbesondere gegen die Schularten Hauptschule, Realschule und Gymnasium.

   b. kritisieren vor allem die zu frühe Sortierung der Schüler/innen.

   c. werden von den Bildungsforscherinnen der Universität Göttingen gemacht.

2. Die Erweiterung der Aufbauschulen ...

   a. ermöglicht deren Schülern und Schülerinnen zu studieren.

   b. beginnt bereits ab der fünften Klassenstufe.

   c. führt zu einer Abnahme des Anteils der Schüler/innen der Fachoberschule und des Fachgymnasiums.

3. Die Politik argumentiert, dass ...

   a. die Bildungsherkunft keine bedeutende Rolle in der Schule spielt.

   b. die einheimischen Jugendlichen schlechtere Bildungschancen als die mit Migrationshintergrund haben.

   c. sich der Ausbau der Aufbauschulen positiv auf die Jugendlichen aus niedrigen Bildungsschichten auswirkt.

4. Der Besuch der Hauptschule war für Semih ...

   a. erforderlich, um sein Deutsch ohne zu viel Druck zu verbessern.

   b. eine totale Unterforderung.

   c. sehr anstrengend, da sein Deutsch nicht ausreichte, um dem Unterricht zu folgen.

5. Mehr und mehr Schüler/innen machen Abitur. Was ist negativ daran?

   a. Die Universitäten sind überfüllt.

   b. Die anderen Abschlüsse werden in der Gesellschaft und Berufswelt nicht mehr wertgeschätzt.

c. Es findet sich nichts Negatives daran.

6. In Albu-Müllers nächster Veröffentlichung geht es ...

a. um Arbeiterkinder auf der Universität.

b. darum, wie die Gesellschaft priorisieren sollte.

c. um die Rolle des CO_2-Verbrauchs.

vorgeschlagene Arbeitszeit: 6 Minuten

Modellsatzübung Lesen Teil 5

Sie wollen demnächst einen neuen Job beginnen und Ihr Arbeitsvertrag liegt bereits vor. Lesen Sie den Arbeitsvertrag.

Welche der Überschriften aus dem Inhaltsverzeichnis passen zu den Paragraphen? Vier Überschriften werden nicht gebraucht.

Beispiel

0. Lösung g

Befristeter Arbeitsvertrag

a. Überstunden

b. Arbeitszeit/Überstunden

c. Krankheit

d. Tätigkeit

e. Kündigung des Arbeitsverhältnisses

f. Urlaub

g. ~~Beginn und Ende des Arbeitsverhältnisses~~

h. Verschwiegenheitserklärung

_g_   **§0**

Der Arbeitnehmer wird mit Wirkung vom 01. 03. 2021 als Sachbearbeiter im Export eingestellt. Das Arbeitsverhältnis ist zeitlich befristet und endet am 28. 02. 2022, ohne dass es einer Kündigung bedarf.

_____ **§1**

Die regelmäßige Arbeitszeit beträgt wöchentlich 40 Stunden ohne die Berücksichtigung von Pausen. Beginn und Ende der täglichen Arbeitszeit richtet sich nach der betrieblichen Einteilung.

Der Arbeitnehmer ist bei betrieblicher Notwendigkeit und unter Berücksichtigung seiner berechtigten Interessen auf Anordnung des Arbeitgebers zur Ableistung von Überstunden sowie im Rahmen der gesetzlichen Vorschriften zu Mehrarbeit verpflichtet.

_____ §2

Der Arbeitnehmer hat Anspruch auf 28 Tage Erholungsurlaub im Kalenderjahr - ausgehend von einer Fünf-Tage-Woche.

Die Festlegung des Urlaubs ist mit dem Arbeitgeber abzustimmen.

Der Arbeitnehmer darf während seines Urlaubs keiner anderen Erwerbstätigkeit nachgehen.

_____ §3

Die Entgeltfortzahlung im Krankheitsfall richtet sich nach den gesetzlichen Bestimmungen. Die Arbeitsverhinderung ist dem Arbeitgeber unverzüglich mitzuteilen. Dauert die Arbeitsunfähigkeit länger als drei Kalendertage, hat der Arbeitnehmer eine ärztliche Bescheinigung über das Bestehen sowie deren voraussichtliche Dauer spätestens an dem auf den dritten Kalendertag folgenden Arbeitstag vorzulegen. Diese Nachweispflicht gilt auch nach Ablauf der sechs Wochen.

Modellsatzübung Hören Teil 3

Sie hören im Radio ein Gespräch mit mehreren Personen. Die Personen sprechen über „Home-Office". Sie hören den Text **einmal**. Wählen Sie bei jeder Aufgabe: Wer sagt das?

Lesen Sie jetzt die Aufgaben 1 bis 6. Dazu haben Sie 60 Sekunden Zeit.

Beispiel

0. Home-Office ist ein wichtiges Mittel, Personal zu gewinnen und Angestellte zufrieden zu stellen.

a. Moderatorin

b. Andrea Winter
Firmenangestellte

c. Günther Gerhart
Selbstständiger

1. Man muss sich selbst bewusst regulieren, wenn man zu Hause arbeitet.

   a. Moderatorin   b. Frau Winter   c. Herr Gerhart

2. Die Gefahr zum Infizieren ist durch Home-Office gesunken.

   a. Moderatorin   b. Frau Winter   c. Herr Gerhart

3. Mit Home-Office spart er/sie Zeit auf dem Weg.

   a. Moderatorin   b. Frau Winter   c. Herr Gerhart

4. Für Home-Office müssen die Unternehmen Mitarbeitern technische Unterstützung zur Verfügung stellen.

   a. Moderatorin   b. Frau Winter   c. Herr Gerhart

5. Er/Sie braucht viel Platz für Büromaterialien.

   a. Moderatorin   b. Frau Winter   c. Herr Gerhart

6. Er/Sie bereut nicht, auf Aufstiegschancen zu verzichten.

   a. Moderatorin   b. Frau Winter   c. Herr Gerhart

vorgeschlagene Arbeitszeit: 25 Minuten

Modellsatzübung Schreiben Teil 2

Sie haben sich um ein Praktikum bei einer deutschen Firma beworben. Leider haben Sie den Termin vergessen und das Bewerbungsgespräch verpasst. Schreiben Sie eine Nachricht an die Kontaktperson, Herrn Löffler.

Bitten Sie um Verständnis für Ihre Situation.	Erklären Sie, warum Sie den Termin verpasst haben.
Machen Sie einen Vorschlag für das nächste Bewerbungsgespräch.	Beschreiben Sie, warum Sie in der Firma das Praktikum machen möchten.

Überlegen Sie sich eine passende Reihenfolge für die Inhaltspunkte.

Bei der Bewertung wird darauf geachtet, wie genau die Inhaltspunkte bearbeitet sind, wie korrekt der Text ist und wie gut die Sätze und Abschnitte sprachlich miteinander verknüpft sind und vergessen Sie nicht Anrede und Gruß. Schreiben Sie mindestens **100** Wörter.

Dauer: für beide Teilnehmende ca. 5 Minuten

Modellsatzübung Sprechen Teil 2

Diskussion führen

Sie sind Teilnehmende eines Debattierclubs und diskutieren über eine aktuelle Frage.

Sollten Studierende nebenbei arbeiten?

- Tauschen Sie zuerst Ihren Standpunkt und Ihre Argumente aus.

- Reagieren Sie dann auf die Argumente Ihrer Gesprächspartnerin/Ihres Gesprächspartners.

- Fassen Sie am Ende zusammen: Sind Sie dafür oder dagegen?

Sie können diese Stichpunkte zu Hilfe nehmen:

Lebensunterhalt und finanzieller Druck?
soziale Kompetenzen?
erster Schritt Richtung Unabhängigkeit und eigene Entscheidungen?
Studium könnte unter Nebenjob leiden?
...

Einheit 9 Menschen und Beziehungen

Wortschatz und Struktur

1. Welches Wort passt nicht in die Reihe?

a. dick – gepflegt – sportlich – mutig – hübsch – rundlich

b. zurückhaltend – mager – geduldig – fleißig – sparsam – faul

c. gelassen – neugierig – lebhaft – egoistisch – treu – anpassungsfähig

d. arrogant – eifersüchtig – gesprächig – geizig – feige – aggressiv

2. Finden Sie die Nomen zu folgenden Adjektiven und schreiben Sie auch die Artikel.

eifersüchtig	_____	zuverlässig	_____
egoistisch	_____	großzügig	_____
offen	_____	treu	_____
tolerant	_____	fleißig	_____

3. Antonyme bilden mit Vor- oder Nachsilben. Wie heißt das Gegenteil? Notieren Sie.

geduldig	_____	rücksichtsvoll	_____
verantwortungsbewusst	_____	tolerant	_____
höflich	_____	ehrlich	_____
flexibel	_____	humorvoll	_____

4. Setzen Sie ein passendes Adjektiv in die Lücke.

Mein Freund ist ein schwieriger Typ. Mit ihm komme ich wirklich nicht zurecht. Er mag nicht, wenn ich mit anderen männlichen Kollegen spreche. Da ist er schrecklich (1) _____.

Er ärgert sich über alles, denn er ist anscheinend mit nichts (2) _____.

Er lacht nie, ist immer (3) _____. Morgens ist er immer (4) _____ gelaunt, als ob er nachts nie gut geschlafen hätte. Er hilft auch nie im Haushalt, weil er unglaublich (5) _____ ist! Er macht jeden Abend dasselbe: fernsehen und am Computer spielen, er ist so (6) _____. Und dabei denkt er immer, dass er der Beste ist, er ist richtig (7) _____. Man kann es nicht glauben, das ist mein Freund, der früher ganz anders war. Ich kann nichts anderes tun, als mich mit ihm zu trennen!

5. Ergänzen Sie die passenden Präpositionen oder da(r)+Präposition.

a. Entscheidend _____ eine gute Partnerschaft ist das Vertrauen.

b. Die Eltern sind stolz _____ ihre intelligente Tochter.

c. Frau Meyer ist eine geduldige Lehrerin, und behandelt alle Schüller gleich und gerecht. Daher ist sie sehr beliebt _____ ihnen.

d. Haben Lilly und Jakob am Ende des Films geheiratet? _____ bin ich schon gespannt.

e. Ich bin _____ überzeugt, dass es bei der Lebensform „Generationen unter einem Dach" leicht zu Konflikten kommt.

f. Simon ist interessiert _____ einer Partnerin, die positiv denkt und zuversichtlich ist.

g. Der Junge ist neidisch _____ seine leistungsstarken Freunde. Allerdings nimmt er sie nicht als Vorbilder und bemüht sich beim Lernen auch nicht.

h. _____ ihrer Zuverlässigkeit und ihrem Fleiß bin ich absolut nicht verzweifelt.

i. Aus der Sicht der Wissenschaft sind Kinder besonders _____ fähig, zwei oder sogar mehrere Sprachen zu lernen.

j. Jochen ist ein geselliger Kerl. Er ist gut _____ , neue Freundschaften zu schließen.

6. Ergänzen Sie das Fragewort und die Präposition in der Antwort.

a. - _____ ist der Chef schon wieder böse?

 - _____ die Sekretärin, die hin und wieder Fehler bei der Protokollführung macht.

b. - _____ ist Julia enttäuscht?

 - _____ ihrem Freund Max, der sein Versprechen nicht mal in die Tat umsetzt.

c. - _____ sind die heutigen Studenten in China finanziell angewiesen?

 - Vor allem _____ ihre Eltern. Durch Jobben verdient man ja nur ein Taschengeld

d. - Der neue Mitarbeiter ist vollkommen unerfahren _____ Produktentwicklung.

- Echt? Mich interessiert dann, _____ er denn erfahren ist.

e. - Du sieht so beunruhigt aus. _____ bist du besorgt?

   - _____ meinen Sohn. Er schreibt heute seine Abiturprüfung. Der war echt faul beim Lernen.

f. - Du hast dich lange nicht gemeldet? _____ bist du beschäftigt?

   - Ach, _____ meiner Abschlussarbeit über die sozialen Netzwerke in China.

vorgeschlagene Arbeitszeit: 18 Minuten

Modellsatzübung Lesen Teil 1

Sie lesen in einem Forum darüber, wie verschiedene Menschen sich zu ihren Heimatländern zugehörig fühlen. Auf welche der vier Personen treffen die einzelnen Aussagen zu? Die Personen können mehrmals gewählt werden.

Beispiel

0. Wer ist in seiner Heimatgemeinde sozial eingebunden?   Lösung: a

1. Wer möchte auf keinen Fall in ein anderes Land ziehen?

2. Für wen bezieht sich Heimat auf Sprache und Kultur?

3. Wer spricht nicht mehrere Sprachen?

4. Für wen ist es sehr relevant, wo genau aus seinem Heimatland man herkommt?

5. Wer fühlt sich so, als hätte er/sie kein Heimatland?

6. Wer ist in einem anderen Land geboren, als er/sie jetzt lebt?

7. Wer sieht im Reisen Nachteile?

8. Wer kann an der Sprache erkennen, ob jemand aus der gleichen Stadt kommt?

9. Für wen kann Heimat der Geburtsort sein, muss es aber nicht?

Meine Heimat – Was ist das?

a. Heinrich

Ich bin Deutscher. Ich bin in Duisburg geboren und aufgewachsen. Bis auf den jährlichen Familienurlaub an der Nordsee will ich hier auch gar nicht weg. Ich verstehe nicht, warum alle unbedingt um die Welt fliegen müssen. Das ist teuer, umweltschädlich und man versteht gar nichts. Ich liebe meine Stadt und meine Leute. Es gibt ja auch einen Grund dafür, dass so viele Menschen aus anderen Ländern nach Deutschland kommen: Es ist einfach schön hier. Es ist ja auch viel sicherer und sauberer als in vielen anderen Teilen der Welt. Ich könnte hier auch gar nicht einfach mal so weg. Ich bin hier tief verwurzelt: Ich singe im Kirchenchor, ich leite seit Jahren die lokale Pfadfindergruppe, meine zwei Kinder gehen hier in die Schule und haben ihre Freunde hier – Ich fühle mich total als Duisburger und würde das auch um keinen Preis eintauschen wollen!

b. Lucia

Das mit der Heimat ist bei mir gar nicht so einfach. Ich bin zwar in Österreich geboren, allerdings sind beide meine Eltern Türken. Nach dem zweiten Weltkrieg mussten sie fliehen und so haben sie mich in Österreich bekommen. Jetzt habe ich zwar einen österreichischen Pass, aber als Kind habe ich nur Türkisch gesprochen. Die Sprache ist schon ein großer Teil der Kultur, und dazu kommen auch das türkische Essen meines Vaters, die Sommerferien in der Türkei, alle meine Verwandten. Nein, als Österreicherin würde ich mich nicht bezeichnen.

Manchmal fühle ich mich da schon etwas verloren, weil ich in beiden Ländern nicht ganz heimisch bleibe. In einem fühle ich mich als Fremder und im anderen werde ich sicher als Ausländer betrachtet. Das gibt mir das Gefühl, nirgendwo richtig dazu zu gehören.

c. Julian

Ich bin Schweizer. Als Schweizer spreche ich Schweizerdeutsch und Französisch. In der Schweiz ist man aber nicht einfach nur Staatsbürger. Da ist man erstmal und vor allem Bürger seiner Gemeinde, also seiner Stadt oder seines Dorfes. Dadurch hat man viele Rechte und auch Verantwortung in seinem Heimatort. Dann ist man außerdem Bürger seines Kantons, also sozusagen des Bundeslandes, in dem man lebt. Und dann ist man eben auch Staatsbürger und hat den Schweizer Reisepass. Wenn mich wer fragt, woher ich komme, dann sage ich: „Ich bin aus Oberegg (meine Stadt), aus Appenzell (mein Kanton) und ich bin Schweizer. Ich bin stolz auf diese Zugehörigkeit. Unser Dialekt ist einzigartig und wenn jemand aus einem anderen Tal hierherzieht, kann man sofort an seinem Dialekt hören, dass er kein echter Oberegger ist.

d. Zarah

Heimat muss nicht unbedingt ein geographischer Ort sein. Ich habe ein Gefühl von Heimat, wenn ich mich wohlfühle, als Familienmitglied, als Mitglied der Gesellschaft, als Freundin unter Freunden und als Bürgerin eines Landes. In Indonesien wurde ich geboren. Dort ist meine Heimat aus Land und Wasser, ein physischer Ort. Indonesien bedeutet auch die Erinnerungen an meine wunderschöne Kindheit, an den Ort, zu dem meine Familie und meine Freunde gehören. Sie sind Teil meines Lebens. Deutschland war das erste fremde Land, in dem ich lebte. Ein Land, das später genauso Teil meines Lebens wurde wie Indonesien. Wenn ich in dieses Land zurückkehre, dann fühlt es sich an, als käme ich nach Hause. Die Stabilität und Gewissheit dort geben mir ein Gefühl großer Sicherheit. Ich kenne Deutschland wie meine Heimatstadt. In Deutschland fand ich eine neue Familie und neue Freunde, einen Ort, an dem ich mich zusammen mit ihnen zu Hause fühle.

vorgeschlagene Arbeitszeit: 12 Minuten

Modellsatzübung Lesen Teil 4

Sie lesen in einer Zeitschrift Meinungsäußerungen zur Fernbeziehung. Welche Äußerung passt zu welcher Überschrift? Eine Äußerung passt nicht. Die Äußerung a ist das Beispiel und kann nicht noch einmal verwendet werden.

Beispiel

0. Fernbeziehungen bedeuten zugleich auch Chancen. Lösung: a

1. Fernbeziehungen bieten Freiraum für die gemeinsame Zeit.

2. Eifersucht und Vertrauensprobleme belasten Beziehungen.

3. Fernbeziehungen scheitern aufgrund finanzieller Probleme.

4. Ihr seid in keinem gemeinsamen Alltag gefangen.

5. Fernbeziehungen brauchen Perspektive.

6. Man kann das Alleinsein genießen.

a. Immer mehr Menschen finden sich in Fernbeziehungen wieder. Oft sind es berufliche Gründe, die den geliebten Menschen in die Ferne ziehen. Ich bin aber der Meinung, dass der Umzug eines Partners nicht zwangsläufig das Aus für die Liebe bedeuten muss. Im Gegenteil: Oft bieten sich sogar Chancen, die Beziehung wachsen zu lassen.

Alena, Berlin

b. In einer Fernbeziehung habe ich viel Zeit für mich alleine. Ich muss mich nach niemanden richten und habe Zeit für meine Hobbys. Darüber hinaus lerne ich neue Leute kennen und kann mich unter der Woche auf meine Karriere konzentrieren.

Peter, Bonn

c. Ich bin noch Studentin und verdient kein eigenes Geld. Ich würde meinen Partner gerne öfter sehen, aber kann es mir einfach nicht leisten. Fernbeziehungen können m.E. aus finanziellen Gründen scheitern. Wenn sich beide Partner die Reise nicht leisten können, ist es schwierig eine Fernbeziehung aufrecht zu erhalten.

Leni, Freiburg

d. Gemeinsame Urlaube, Feiertage und Feste: Gerade in Fernbeziehungen ist gute Planung das A und O. Man muss deshalb ganz bewusst darauf achten, nicht jeden Moment seiner gemeinsamen Zeit minutiös zu verplanen, sondern Spielraum für spontane Ideen lassen, die seine Stunden noch kostbarer machen.

Pjotr, Karlsruhe

e. Bei Fernbeziehung kommen mir gleich die Wörter „Vermissen" und „Sehnsucht" in den Kopf. Und ich sehe vor allem die Nachteile einer Fernbeziehung. Ein großes Problem sind Eifersucht und mangelndes Vertrauen. Wichtig ist, dass man es schafft seine Eifersucht zu bekämpfen, da es sich nicht glücklich machen wird.

Tanita, Salzburg

f. Eine Fernbeziehung kommt mir leider gar nicht in die Frage. Wenn ich meinen Partner vermisse, kann ich nicht einfach ins Auto steigen und losfahren. Das ist ein großer Nachteil einer Fernbeziehung und macht viele Fernbeziehungen schon kaputt.

Dora, Essen

g. Durch die Fernbeziehung habt ihr keinen gemeinsamen Alltag. Seht darin den Vorteil, dass ihr euch nicht so schnell auseinanderleben werdet. Jeden Tag könnt ihr euch auf den Moment des Wiedersehens freuen. Wenn es dann endlich soweit ist, ist die gemeinsame Zeit umso schöner.

Dirk, Graz

h.

Wer den Wunsch hegt, eine feste Beziehung aufzubauen, der sollte auch einer Fernbeziehung nicht aus dem Weg gehen. Denn sie bietet trotz aller Hindernisse einen guten Anfang für die Partnerschaft auf Lebenszeit. Wichtig dabei ist allerdings eine Perspektive.

Felicitas, Bremen

Modellsatzübung Hören Teil 1

Sie hören fünf Gespräche und Äußerungen. Sie hören jeden Text **einmal**. Zu jedem Text lösen Sie zwei Aufgaben. Wählen Sie bei jeder Aufgabe die richtige Lösung. Lesen Sie jetzt das Beispiel. Dazu haben Sie 15 Sekunden Zeit.

Beispiel

01. Der Kunde ist an einer Kreditkarte interessiert. [Richtig] [F̶a̶l̶s̶c̶h̶]

02. Was trifft auf das Standard-Giro-Konto zu?

 X. Man muss dafür monatlich bezahlen.

 b. Die Einrichtung des Kontos kostet zu Beginn einmalig 3,65 Euro.

 d. Zum Girokonto gibt es gratis eine Kreditkarte dazu.

1. Die Moderatorin berichtet über eine bevorstehende Überflutung. [Richtig] [Falsch]

2. Was soll am kommenden Donnerstag passieren?

 a. Touristen können wieder an die Elbe reisen.

 b. Das Wasser steht am höchsten.

 c. Die Feuerwehr und Einheiten der Bundeswehr stapeln Sandsäcke.

3. Mit dem Tarif hat man auch Internetzugang. [Richtig] [Falsch]

4. Wie lange läuft der Vertrag mindestens?

 a. Drei Jahre.

 b. Drei Monate.

 c. Beliebig.

5. Der Anrufer möchte einen Flug buchen und per Banküberweisung zahlen.

  , [Richtig] [Falsch]

6. Wie kann die Call-Center-Agentin helfen?

 a. Sie verbindet den Anrufer mit einem Kollegen oder einer Kollegin.

 b. Sie kann den Flug sofort im System reservieren.

 c. Sie kann das Zahlungsproblem sofort lösen.

7. Die Kundin möchte einen Brief versenden, der Originalunterlagen enthält.

Richtig | Falsch

8. Der Postbeamte empfiehlt...

a. eine eingeschriebene Sendung, da dies nicht viel mehr kostet und sicherer ist.

b. eine Eilsendung, da dies am schnellsten geht.

c. den Standard-Versand, da der Brief nicht viel wiegt und es so am günstigsten ist.

9. Es handelt sich um ein Interview mit einem Mann, der ganz Deutschland mit einem luxuriösen Wohnmobil bereist hat.

Richtig | Falsch

10. Warum hat sich der Mann für eine derartige Wohnsituation entschieden?

a. Er hat sich in einen VW-Kleinbus verliebt.

b. Weil er so überall in Deutschland gut und günstig Urlaub machen kann.

c. Sein Leben ist auf diese Weise extrem einfach und ungebunden.

Modellsatzübung Hören Teil 3

Sie hören im Radio ein Gespräch mit mehreren Personen. Die Personen sprechen darüber, ob ein Leben im Mehrgenerationenhaus vorteilhaft ist. Sie hören den Text **einmal**. Wählen Sie bei jeder Aufgabe: Wer sagt das?

Lesen Sie jetzt die Aufgaben 1 bis 6. Dazu haben Sie 60 Sekunden Zeit.

Beispiel

0. Die engen Beziehungen zwischen Familienmitgliedern entwickeln sich innerhalb eines Menschenlebens.

⮽ Moderator   b. Frau Freitag   c. Herr Weber

1. In einem Mehrgenerationenhaus wird die ganze Familie unter ein Dach gebracht und gegenseitig unterstützt.

   a. Moderator   b. Frau Freitag   c. Herr Weber

2. Die jungen Menschen können dadurch Betreuungskosten sparen.

   a. Moderator   b. Frau Freitag   c. Herr Weber

3. Die Kinder können vom Zusammenleben mit ihren Großeltern profitieren.

   a. Moderator   b. Frau Freitag   c. Herr Weber

4. Es kann gerade in dieser starken Beziehung zu Problemen kommen, die sich eben durch engen Kontakt entwickeln.

   a. Moderator   b. Frau Freitag   c. Herr Weber

5. Viele Einrichtungen und Experten beschäftigen sich damit, die Konzeption der Generationenhäuser zu optimieren.

   a. Moderator   b. Frau Freitag   c. Herr Weber

6. Im Zusammenleben mit mehreren Generationen sollte alles in Ruhe besprochen werden, damit die Wohnsituation angenehm für alle Bewohner bleibt.

   a. Moderator   b. Frau Freitag   c. Herr Weber

vorgeschlagene Arbeitszeit: 25 Minuten

Modellsatzübung Schreiben Teil 2

Sie machen gerade ein Praktikum bei einer deutschen Firma in China. Sie sind mehrmals zu spät zum wöchentlichen Team-Meeting gekommen. Schreiben Sie eine Nachricht an Ihren Vorgesetzten, Herrn Ackermann.

Entschuldigen Sie sich für Ihr Verhalten.	Bitten Sie um Verständnis für Ihre Situation.
Erklären Sie, warum Sie zu spät gekommen sind.	Machen Sie einen Vorschlag, wie Sie diese Situation in Zukunft vermeiden können.

Überlegen Sie sich eine passende Reihenfolge für die Inhaltspunkte.

Bei der Bewertung wird darauf geachtet, wie genau die Inhaltspunkte bearbeitet sind, wie korrekt der Text ist und wie gut die Sätze und Abschnitte sprachlich miteinander verknüpft sind. Vergessen Sie nicht Anrede und Gruß. Schreiben Sie mindestens **100** Wörter.

Dauer: für beide Teilnehmende ca. 5 Minuten

Modellsatzübung Sprechen Teil 2

Diskussion führen

Sie sind Teilnehmende eines Debattierclubs und diskutieren über eine aktuelle Frage.

Kann man die wahre Liebe im Internet finden?

- Tauschen Sie zuerst Ihren Standpunkt und Ihre Argumente aus. Reagieren Sie dann auf die

- Argumente Ihrer Gesprächspartnerin/Ihres Gesprächspartners.

- Fassen Sie am Ende zusammen: Sind Sie dafür oder dagegen?

Sie können diese Stichpunkte zu Hilfe nehmen:

---

ein breiteres Spektrum zu unbekannten Personen?

sich zeigen oder verstecken?

der Beziehung Leichtigkeit oder Entspannung schenken?

das Äußere oder die Charakteristiken in den Hintergrund schieben?

...

Einheit 10 Natur und Klima

Wortschatz und Struktur

1. Welches Wort gehört nicht zu der Kategorie? Streichen Sie durch.

a. Wasserkraft – Atomkraft – Erdwärme – Sonnenenergie – Biomasse

b. Tornado – Sturmflut – Wasser – Lawine – Dürre

c. Quarz – Marmor – Kristalle – Gold – Granit

d. Viren – Säugetiere – Vögel – Insekten – Fische

e. Algen – Bäume – Blumen – Getreide – Korallen

2. Ergänzen Sie.

> Abholzung Bodenschätze belastet umweltbewusst Ausbau Bekämpfung
> ausgestorben Ausstoß Atommüll bedroht vermindern bewahren verseucht

a. Unsere Nachbarn sind sehr _____ : Sie trennen ihren Müll und gehen sparsam mit Wasser und Strom um.

b. Umweltschutz heißt, das Gleichgewicht der Natur zu _____ .

c. Umweltverschmutzung _____ die Tier- und Pflanzenwelt.

d. Es gibt nicht mehr viele Eisbären. Sie sind leider _____ .

e. Ein Nachteil von Atomkraftwerken ist, dass sie _____ produzieren.

f. Nach dem Reaktorunfall war das Gebiet stark radioaktiv _____ .

g. Nach dem Ausstieg aus der Atomenergie möchte die Bundesregierung den _____ der erneuerbaren Energien vorantreiben.

h. Russland will möglichst rasch die arktischen _____ ausbeuten – für die Natur wäre das ein Desaster.

i. Die EU möchte den _____ klimaschädlicher Treibhausgase _____ .

j. Die _____ aller Regenwälder hätte dramatische Folgen für das Weltklima.

k. Es sollte strengere Gesetze zur _____ der Umweltverschmutzung geben.

l. Die Weltmeere sind mit Schwermetallen _____ .

3. Welches Verb passt nicht? Streichen Sie durch.

a. Treibhausgase werden: emittiert – freigesetzt – aufgegeben – entlassen – ausgestoßen

b. den Fleischkonsum: reduzieren –zurückgehen – vermindern – senken – vermeiden

c. den Müll: recyceln – deponieren – sortieren – bedienen – entsorgen

d. den Klimawandel: sinken – beschleunigen – aufhalten – bremsen – stoppen

e. Energie: sparen – erzeugen – verbrauchen – gewinnen – verbieten

4. Bilden Sie aus den Verben die passenden Nomen. Schreiben Sie auch die Artikel.

emittieren	_____	deponieren
entlassen	_____	entsorgen
ausstoßen	_____	recyceln
vermeiden	_____	verbrauchen
zurückgehen	_____	verbieten

5. Formen Sie die Sätze mit den Passiversatzformen in Klammern um.

a. Dass es auf der Erde wärmer wird, kann nicht vermieden werden. (sein+ Adjektiv mit Endung-*bar*)

_____

_____

b. Wenn die Erderwärmung zwei Grad nicht überschreitet, könnten die schlimmsten Folgen des Klimawandels verhindert werden und die Situation bliebe beherrschbar (*sich lassen* +Infinitiv).

_____

_____

c. Durch Energiesparmaßnahmen und die verstärkte Nutzung alternativer Energieträger könnte der Anstieg der Treibhausgase bis 2050 halbiert werden. (sein + zu + Infinitiv)

_____

_____

d. Auch im Alltag muss dringend etwas getan werden, um die Erderwärmung unter der kritischen Grenze von zwei Grad Celsius zu halten. (sein + zu + Infinitiv)

_____

_____

e. Sonst würde immer mehr Hitzewellen geben, die man nicht ertragen kann. (sein + Adjektiv mit Endung-*lich*)

_____

_____

6. *müssen oder können?* **Formen Sie die Konstruktionen mit** *sein zu + Infinitiv* **in Passivkonstruktionen um. Heißt es dabei** *kann gemacht werden oder muss gemacht werden***? Entscheiden Sie aufgrund des Kontextes.**

a. Obwohl die Regenwaldzerstörung schon sehr weit fortgeschritten ist, ist dieser Prozess noch zu stoppen oder zumindest zu verlangsamen.

_____

_____

b. Der Stecker ist aus der Steckdose zu ziehen, wenn die elektrischen Geräte nicht benutzt werden.

_____

_____

c. In der Corona-Zeit sind die Menschen nicht mehr überall zu riechen, was natürlich auch gut für Tiere ist.

_____

_____

d. Damit die Luft in der direkten Wohnumgebung weniger belastet wird, sind bestimmte Schornsteine künftig höher zu bauen.

_____

_____

e. Der Schutz des Klimas und der Natur ist konsequent umzusetzen. Ebenso ist eine nachhaltige Entwicklung der Stadt, des Wohnens und der Mobilität sicher zu stellen.

_____

_____

vorgeschlagene Arbeitszeit: 12 Minuten

Modellsatzübung Lesen Teil 2

Sie lesen in einer Zeitschrift einen Artikel über die Wanderung der Rentiere in Lappland. Welche Sätze a bis h passen in die Lücken 1 bis 6? Zwei Sätze passen nicht.

Die Rentiere in Lappland zieht es immer weiter in den Süden

Rentiere können im Schnee problemlos Futter finden, im Eis hingegen nicht. Durch den Klimawandel bilden sich immer häufiger harte Eisschichten am Boden, die das darunterliegende Gras für die Tiere unerreichbar machen. **[...0...]**

„Rentiere können kein Eis durchdringen, weil es zu hart ist und so ziehen sie weg auf der Suche nach Flächen, wo nur Schnee liegt", sagte der Forscher Jouko Kumpala dem Sender BBC, der am Sonntag über das Thema berichtete. **[...1...]**

Wegen der Erderwärmung kommt es dem Bericht zufolge mittlerweile häufiger als früher dazu, dass Schnee früher schmilzt oder Regen auf die Schneedecke fällt. **[...2...]** Manche Rentiere legen Strecken von bis zu 100 Kilometern zurück, um Nahrung zu finden.

Wissenschaftler gehen davon aus, dass sich die Arktis im Zuge des Klimawandels mindestens doppelt so schnell erwärmt wie der Rest der Welt. Viele Samen, wie die einheimische Bevölkerung Lapplands heißt, leben von der Rentierhaltung. [...3...]

Einige der Züchter haben dem Bericht nach rund um die Uhr damit zu tun, die entlaufenen Rentiere wieder ausfindig zu machen. „Wir fahren Stunden um Stunden, um unsere Rentiere zu finden und wieder nach Hause zu treiben. [...4...] Deshalb benutzen wir auch Helikopter, was ziemlich ungewöhnlich ist - und auch teuer", sagte der schwedische Halter Tomas Seva. [...5...]

Dem schwedischen Rentierhalter-Verband zufolge sind die Ausflüge der Rentiere deutlich häufiger geworden. „[...6...] Es scheint, dass diese nun wegen des Klimawandels immer häufiger werden", sagte Anna-Karin Svensson von dem Verband.

Beispiel

0. In Lappland ziehen die Rentiere daher immer weiter in den Süden.

a. Lappland umfasst den nördlichen Teil von Finnland, aber auch Regionen in Schweden und Norwegen.

b. Rund 8000 Tiere aus seiner Herde und einem nahe gelegenen Dorf hätten in den vergangenen Tagen ihre üblichen Gefilde verlassen.

c. Früher hat man solche Winter nur alle 30 Jahre erlebt.

d. Denn Schnee könnten die Tiere leicht durchdringen und die Pflanzen darunter fressen.

e. Daher können sie noch überleben.

f. Aber das ist bei diesen winterlichen Bedingungen ziemlich schwierig

g. Das führt zu harten Eisplatten, wenn die Temperaturen fallen.

h. Früher waren hier extrem kalte Winter.

Modellsatzübung Lesen Teil 4

Sie lesen in einer Zeitschrift Meinungsäußerungen zum Atomausstieg in Deutschland. Welche Äußerung passt zu welcher Überschrift? Eine Äußerung passt nicht. Die Äußerung f ist das Beispiel und kann nicht noch einmal verwendet werden.

Beispiel

0. Erneuerbare Energien produzieren preiswertere Elektrizität Lösung: f

1. Kernenergie hat einen ökologischen Fußabdruck.

2. Atomenergie ist keineswegs billig.

3. Rohstoff gibt es genug.

4. Schneller Umbau des Energiesystems ist gefordert.

5. Die potentielle Gefährlichkeit von Kernkraft ist groß.

6. Für den Klimaschutz sind Atomkraftwerke unbedeutend.

a. In jeder Dekade seit den 1970er Jahren gab es schwere Unfälle und eine Vielzahl kleinerer Zwischenfälle. Kernkraft ist derart risikobehaftet, dass Kernkraftwerke nirgendwo versichert werden können. Die Schäden bei einem Großunfall sind so hoch, dass die erforderlichen Versicherungsbeiträge faktisch unbezahlbar sind.

Ben, Berlin

b. Wir müssen bis 2030 klimaneutral werden. Der notwenige, schnelle Umbau des Energiesystems geht in der erforderlichen Geschwindigkeit nur mit erneuerbarer Energie. Kernkraft spielt da keine Rolle, da wichtige technische Innovationen fehlen und die Planungs- und Bauzeiten neuer Autokraftwerke schon zwei Jahrzehnte benötigen.

Claudia, Bielefeld

c. Das im „Müll" noch enthaltene unverbrauchte Uran kann in Schnellreaktoren weiterverwendet werden, auch die Gewinnung von Uran aus Meerwasser ist möglich. So würden die Uranvorräte noch für Tausende von Jahren reichen.

Leon, Passau

d. Alle CO_2-armen Energieformen sollten eine Rolle im zukünftigen Energiemix spielen. Bezahlbare Elektrizität zu jeder Uhrzeit ist kein Privileg für reiche Menschen in Europa und Nordamerika. Alle der bald zehn Milliarden Menschen haben ein Recht darauf.

Emma, Lüneburg

e. Selbst wenn Atomenergie emissionsarm wäre, könnte sie real keinen nennenswerten Beitrag zur weltweiten Minderung der Klimagas-Emissionen leisten. Denn die weltweit rund 400 stromproduzierenden Atom-Reaktoren decken insgesamt gerade mal 2 Prozent des Weltenergiebedarfs.

Steffen, Koblenz

f. Die Kosten für eine Megawattstunde Strom aus erneuerbaren Energien sind in den letzten Jahren extrem gesunken und werden weiter sinken. An vielen Stellen der Erde und auch in Deutschland ist Strom aus Wind und Sonne heute günstiger als Strom aus fast allen konventionellen Kraftwerken.

Noah, Kiel

g. Ein Atomkraftwerk benötigt wenig Landfläche, verbraucht wegen der hohen Energiedichte von Uran wenig Rohstoffe und verursacht entgegen vorherrschendem Vorurteil nur wenig und gut beherrschbaren Abfall. Finnland z.B. richtet derzeit mit Zustimmung von Anwohnern ein Endlager ein.

Sascha, Cottbus

h. Atomkraftwerke sind weltweit die teuerste Stromerzeugungstechnik. Sie waren nie ohne gewaltige staatliche Subventionen wirtschaftlich konkurrenzfähig. Hierbei sind die gigantischen Folgekosten im Falle von Reaktor-Katastrophen und die Kosten einer Millionen Jahre währenden „Endlagerung" noch gar nicht berücksichtigt.

Sven, Trier

Modellsatzübung Hören Teil 3

Sie hören im Radio ein Gespräch mit mehreren Personen. Die Personen sprechen über das Thema Fleischkonsum. Sie hören den Text **einmal**. Wählen Sie bei jeder Aufgabe: Wer sagt das? Lesen Sie jetzt die Aufgaben 1 bis 6. Dazu haben Sie 60 Sekunden Zeit.

Beispiel

0. Ihm/Ihr ist eine Ernährung ohne Fleisch wichtig.

a. Moderatorin   b. Lukas Zimmer   c. Petra Freitag
                          Auszubildender   Rentnerin

1. Die billigen Preise für Fleisch sind bedenklich.

   a. Moderatorin   b. Lukas Zimmer   c. Petra Freitag

2. Die Preise für Fleisch sollten erhöht werden.

   a. Moderatorin   b. Lukas Zimmer   c. Petra Freitag

3. Er/sie kann es sich nicht leisten, viel Geld für Fleisch auszugeben.

   a. Moderatorin   b. Lukas Zimmer   c. Petra Freitag

4. Nur der Staat würde von einer Preiserhöhung profitieren.

   a. Moderatorin   b. Lukas Zimmer   c. Petra Freitag

5. Menschen mit wenig Geld müssen in der Debatte auch berücksichtigt werden.

   a. Moderatorin   b. Lukas Zimmer   c. Petra Freitag

6. Der Fleischverzicht ist aufgrund von Gewohnheiten schwer vorstellbar.

   a. Moderatorin   b. Lukas Zimmer   c. Petra Freitag

vorgeschlagene Arbeitszeit: 50 Minuten

Modellsatzübung Schreiben Teil 1

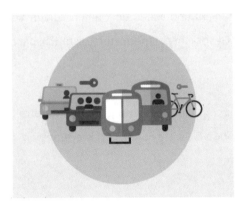

Sie schreiben einen Forumsbeitrag über umweltfreundliche Verkehrsmittel.

- Äußern Sie Ihre Meinung zur nachhaltigen Mobilität.
- Begründen Sie, warum das Auto so verbreitet ist.
- Nennen Sie andere Möglichkeiten, umweltfreundlich zu fahren.
- Nennen Sie Vorteile der anderen Möglichkeiten.

Denken Sie an eine Einleitung und einen Schluss. Bei der Bewertung wird darauf geachtet, wie genau die Inhaltspunkte bearbeitet sind, wie korrekt der Text ist und wie gut die Sätze und Abschnitte sprachlich miteinander verknüpft sind. Schreiben Sie mindestens **150** Wörter.

Modellsatzübung Sprechen Teil 1

Sie nehmen an einem Seminar teil und sollen dort einen kurzen Vortrag halten. Wählen Sie ein Thema (A oder B) aus. Ihre Gesprächspartnerin/Ihr Gesprächspartner hört zu und stellt Ihnen anschließend Fragen.

Strukturieren Sie Ihren Vortrag mit einer Einleitung, einem Hauptteil und einem Schluss.

Ihre Notizen und Ideen schreiben Sie bitte in der Vorbereitungszeit auf.

Sprechen Sie circa vier Minuten.

Thema A

Müllvermeidung

- Beschreiben Sie mehrere Möglichkeiten.

- Nennen Sie Vor- und Nachteile und bewerten Sie diese.

- Beschreiben Sie eine Möglichkeit genauer.

Thema B

Umweltschutz am Arbeitsplatz

- Beschreiben Sie mehrere Möglichkeiten.

- Nennen Sie Vor- und Nachteile und bewerten Sie diese.

- Beschreiben Sie eine Möglichkeit genauer.

Einheit 11 Technik und Fortschritt

Wortschatz und Struktur

1. Welches Verb passt nicht? Streichen Sie durch.

a. eine Erfindung: patentieren – machen – entdecken – schützen

b. eine Hypothese: aufstellen – bestätigen – vermuten – widerlegen

c. ein Experiment: deuten – durchführen – ausführen – wagen

d. Daten: erheben – sammeln – ausgeben – auswerten

e. ein Forschungsergebnis: zusammenfassen – veröffentlichen – umsetzen – ausdenken

2. Ergänzen Sie die Nomen in den richtigen Formen.

> Prognose Modell Forschungsergebnis Hypothese Verfahren
> Experiment Test Erkenntnis Daten

a. Die Forscher sollen bis Mai 2013 im All bleiben und etwa 50 _____ ausführen, dazu gehört unter anderem der _____ eines Systems zur Vorhersage von Naturkatastrophen.

b. Um die _____ auszuwerten, braucht man dafür eigens entwickelte mathematische _____.

c. Die Wissenschaft kann _____ über künftige Entwicklungen aufstellen, aus Computermodellen _____ ableiten, Szenarien auf ihre Plausibilität prüfen.

d. _____ belegen, dass altersbedingte Krankheiten wie Alzheimer oder Parkinson durch körperliche Aktivität nachlassen.

e. Die Wissenschaftler sind zur _____ gelangt, dass sich Menschen schon vor 17000 Jahren im Schweizer Mittelland niedergelassen hatten.

f. Die Wissenschaftler vom Schweizerischen Erdbebendienst haben ein _____ entwickelt, mit dem das Risiko von starken Beben zumindest etwas gemindert werden könnte.

3. Wichtige Erfindungen. Ergänzen Sie die folgenden Verben in den richtigen Formen.

sorgen entdecken einsetzen herausfinden umtauschen experimentieren konstruieren ersetzen herausgeben entwickeln

a. Vor dem Internet _____ vor allem eine Erfindung für die Verbreitung und Demokratisierung von Wissen – die Druckerpresse, die 1440 von Johannes Gutenberg in Mainz _____ wurde.

b. Die große Nachfrage nach Lesehilfen gab vielen Erfindern die Gelegenheit, mit Vergrößerungsgläsern zu _____ und wenig später _____ man _____, wie sich mithilfe der richtigen Brenngläser Teleskope oder Mikroskope _____ ließen.

c. Erfunden wurden der Kompass in China und ab dem 14. Jahrhundert _____ er auf den meisten Schiffen die astronomische Navigation.

d. Ab dem späten 19. Jahrhundert hatten viele Nationen damit begonnen, staatlich geregelte Zahlungsmittel _____, die nicht länger in Gold oder Silber _____ werden konnten.

e. Transistoren wurden ursprünglich in Radios _____ und sind seitdem zu einem elementaren Bauteil in unzähligen elektronischen Geräten wie Fernsehern, Mobiltelefonen und Computern geworden.

f. Alexander Fleming schaffte es schließlich, das aller erste Antibiotikum zu entwickeln, als er 1928 versehentlich einen bakterienhemmenden Schimmelpilz _____, der heute als Penicillin bekannt ist.

4. Vergleichssätze. Bilden Sie Sätze mit _je... desto (umso)..._ nach dem Beispiel.

Beispiel: Die Wissenschaft findet viel heraus. Die Welt erscheint komplex.

–> Je mehr die Wissenschaft herausfindet, desto komplexer erscheint die Welt.

a. Wir dringen weit in den Weltraum vor. Es ist wahrscheinlich, auf anderes Leben zu treffen.

_____

_____

b. Ein Unternehmen hat schon stark in die Digitalisierung investiert. Die Bereitschaft ist hoch, weiter Geld dafür auszugeben.

_____

_____

c. Systeme sind automatisiert. Die Vertrauenswürdigkeit des Anbieters ist wichtig.

_____

_____

d. Der Roboter ähnelt einem Menschen viel. Er wirkt unheimlich auf den Nutzer.

_____

_____

e. Die Datenmenge ist groß. Korrelationen lassen sich zuverlässig erkennen.

_____

_____

5. **Virtual Reality (VR). Formen Sie die unterstrichenen Teile in irrealen Vergleichssätze mit *als ob / als wenn* oder *als* um. Sehen Sie sich das Beispiel an.**

Beispiel: Die Lerninhalte werden als 360-Grad–Video zur Verfügung gestellt und können somit vom Lerner wahrgenommen werden. Man befindet sich mitten im Geschehen.

-> ..., *als* befände man sich mitten im Geschehen.

-> ..., *als ob/als wenn* man sich mitten im Geschehen befände.

a. Konkret bedeutet das, dass Studierende mit VR-Brille ein durchaus vergleichbares Vorlesungserlebnis erhalten. Sie nehmen in der ersten Reihe an der Präsenzvorlesung teil.

    ...,

    als ob _____

b. In den verfügbaren VR-Videos erhalten Studierende dann ein bisher einmaliges digitales Vorlesungserlebnis. Sie sitzen als Teilnehmer in der ersten Reihe.

    ...,

    als _____

c. Mithilfe von VR können Lernende in die Kultur und Sprache eines anderen Landes eintauschen. Sie sind um die Welt gereist und haben verschiedene Sehenswürdigkeiten besucht.

    ...,

    als wenn _____

d. Unter Verwendung der AR-Brille kann ein Lernszenario konzipiert werden. Auszubildende sind bei einer Getriebemontage in Werkstätten.

...,

als _____

e. Mit den Techniken VR und AR können Medizinstudierende in die Trainingswelt eintauschen und Bewegungsfreiheit erleben. Sie haben unterschiedliche Patiententypen und führen Operationsschritte durch.

...,

als ob _____

vorgeschlagene Arbeitszeit: 12 Minuten

Modellsatzübung Lesen Teil 3

Sie lesen in einer Zeitung einen Artikel über den technischen Fortschritt. Wählen Sie bei jeder Aufgabe die richtige Lösung.

Technischer Fortschritt – Fluch oder Segen?

Technik entwickelt sich mitunter so schnell fort, dass es den Anschein hat, als hätten wir keinen Einfluss auf ihre Entwicklung. Dabei folgt ihr Fortschritt keiner technischen, sondern vor allem einer sozialen Logik. Was heute sicher scheint ist vielleicht morgen schon obsolet.

Neue Technik dringt unaufhörlich in unseren Alltag ein: Während Erfindungen wie z.B. die Eisenbahn, das Auto noch Jahrzehnte brauchten, um sich flächendeckend durchzusetzen und selbstverständliche Bestandteile des Arbeits- und Privatlebens zu werden, schafften es der Computer und das Internet in wesentlich kürzerer Zeit. Der technische Wandel beschleunigt sich und mit ihm der dadurch ausgelöste soziale Wandel.

Moderne Gesellschaften scheinen von technischen Neuerungen getrieben zu sein. Jedoch fällt neue Technik nicht vom Himmel, sondern wird von Menschen gemacht. Früher von heroischen Erfindern wie Thomas A. Edison, heute eher von Netzwerken und von Organisationen, die der Technik eine spezifische Prägung geben – beispielsweise das Netzwerk europäischer

---

145

Flugzeughersteller, das seit den 1960er Jahren gemeinsam den Airbus entwickelt und produziert. Zu jeder Innovation gab und gibt es immer Alternativen. Die Entscheidung, welche dieser Alternativen sich letztlich durchsetzt, folgt keiner technischen, sondern einer sozialen Logik.

Ein gutes Beispiel für diese soziale Logik ist die Geschichte des Elektroautos: Zu Beginn des 20. Jahrhunderts war der Elektromotor die meistverbreitete Antriebsform, bis er vom Verbrennungsmotor verdrängt wurde. Rein technisch sprach viel für den Elektromotor. Es gab hinreichend technische Expertise und industrielles Know-how in der aufstrebenden Elektroindustrie. Trotzdem setzte eine Allianz unterschiedlicher Interessengruppen schließlich den Verbrennungsmotor durch.

Heute erleben wir eine Renaissance des Elektroautos, das als ein Baustein einer nachhaltigen Verkehrswende betrachtet wird. Noch ist der Verbrennungsmotor dem Elektromotor in etlichen Punkten überlegen, aber wir sind nicht mehr davon überzeugt, dass er in der Lage sein wird, die drängenden Zukunftsprobleme in den Bereichen Umwelt, Energie oder Verkehr zu lösen.

Und so entstehen Alternativen, die das Potenzial haben, den Verbrennungsmotor abzulösen – vorausgesetzt, sie können sich auf ein breites Netzwerk starker Akteure stützen. Welche dieser Alternativen sich im Bereich Mobilität und Verkehr langfristig durchsetzen wird und welche Rolle dabei der Elektromotor spielen wird, ist noch offen.

Wie das Beispiel zeigt, lenkt die Techniksoziologie den Blick auf die sozialen Prozesse der Technikkonstruktion und trägt so zu einem vertieften Verständnis der Wechselwirkung von Technik und Gesellschaft bei. Es macht Sinn, bereits im frühen Stadium technischer Innovationen intensiv über mögliche gesellschaftliche Folgen von Technik nachzudenken. Hier setzt die Technikfolgenabschätzung an: Sie entwickelt – unter Beteiligung von Experten und Laien - Zukunftsszenarien und versucht, mögliche Chancen und Risiken neuer Technik zu antizipieren und Strategien zur Risikovermeidung zu entwickeln. Wenn wir diese Verfahren der Technikfolgenabschätzung systematisch anwenden, können wir dafür sorgen, dass künftige Innovationen ein Segen und kein Fluch für die Menschheit werden.

Beispiel

0. Technische Entwicklung...

X. wird auch von Menschen beeinflusst.

b. ist eine reine Frage aus dem Technikbereich.

c. macht manche Gegenstände immer populär.

1. Neue Technik ...

a. kann problemlos von Menschen direkt akzeptieren.

b. führt zu gesellschaftlichen Veränderungen.

c. fand früher schnell breite Anwendung im Alltag.

2. Das Beispiel von Airbus besagt, ...

a. dass die einzelnen Erfinder heute nicht mehr von Bedeutung sind.

b. dass dieses Flugmodell zu jener Zeit die anderen Optionen technisch überwog.

c. dass Netzwerke eine wichtige Rolle bei technischen Neuerungen spielen.

3. Der Verbrennungsmotor konnte sich durchsetzen, ...

a. weil er die meistverbreitete Antriebform war.

b. obwohl der Elektromotor mehr technische Vorteile hatte.

c. denn eine Gruppe von Personen hatten unterschiedliche Interessen.

4. Die Rückkehr des Elektroautos ...

a. gilt als ein wichtiger Bestandteil eines zukunftsfähigen Verkehrswandels.

b. weist darauf hin, dass der Verbrennungsmotor die technische Konkurrenz verloren hat.

c. ist die beste Lösung für alle Zukunftsprobleme.

5. Wie würde die Zukunft des Mobilitätssystems aussehen?

a. Das Internet entscheidet, ob sich eine Alternative durchsetzen kann.

b. Der Elektromotor wird als die einzige Antriebsform verwendet.

c. Der Verbrennungsmotor würde höchstwahrscheinlich von anderen Möglichkeiten ersetzt.

6. Technikfolgenabschätzung wird angewandt, ...

   a. nachdem sich eine neue Technik flächendeckend verbreitet hat.

   b. wobei Experten die Schwächen technischer Innovationen vorher identifizieren.

   c. damit man mit Technikentwicklung behutsam umgehen kann.

vorgeschlagene Arbeitszeit: 6 Minuten

Modellsatzübung Lesen Teil 5

Sie möchten ein Sharing-Auto im stationären Carsharing mieten und lesen die Geschäftsbedingungen.

Welche der Überschriften aus dem Inhaltsverzeichnis passen zu den Paragraphen? Vier Überschriften werden nicht gebraucht.

Beispiel

0. Lösung b

Geschäftsbedingungen Carsharing für Privatkunden

a. Rückgabe der Fahrzeuge

~~b. Datenschutz~~

c. Gegenstand

d. Verspätungen

e. Buchungspflicht

f. Voraussetzungen zur Fahrzeugübernahme

g. Nutzungsdauer

h. Stornierungen

_b_ §0

Personenbezogene Daten des Kunden werden von *Deutschen Bahn Connect* rechtgemäß genutzt. Bei Verstößen gegen straßenverkehrsrechtliche Vorschriften sind die Daten im notwendigen Umfang an die Straßenverkehrs- bzw. Ordnungsbehörden zu übermitteln. Eine Weitergabe an Dritte zum kommerziellen Zweck erfolgt nicht.

_____ §1

Der Kunde verpflichtet sich, bei jeder Fahrt die gültige Fahrerlaubnis mitzuführen. Zum Zeitpunkt der Fahrzeugübernahme und während jeder Fahrt muss er im Vollbesitz seiner geistigen Kräfte stehen und dürfen keinerlei Drogen, Alkohol oder Medikamente zu sich genommen haben, die die Fahrtüchtigkeit beeinträchtigen könnten.

_____ §2

Kann der Kunde den Rückgabezeitpunkt nicht einhalten, muss er die Buchungsdauer vor Ablauf verlängern. Ist eine Verlängerung wegen einer nachfolgenden Buchung nicht möglich und kann die ursprüngliche Rückgabezeit tatsächlich durch den Kunden nicht eingehalten werden, ist der Anbieter berechtigt, die über die Buchungszeit hinausgehende Zeit in Rechnung zu stellen.

_____ §3

Der Kunde ist vor jeder Nutzung eines Fahrzeugs verpflichtet, dieses unter Angabe des Nutzungszeitraums beim Anbieter zu buchen. Evtl. vorliegende Buchungsbeschränkungen sind zu beachten. Der Kunde hat kein Anrecht auf ein bestimmtes Fahrzeug. Die für die Internet- und Smartphone-Buchung angezeigten Fahrzeugmodelle sind Beispiele und können vom bereitgestellten Fahrzeug abweichen. Für den telefonischen Buchungsservice wird ein Entgelt gemäß Gebührenliste erhoben.

Modellsatzübung Hören Teil 2

Sie hören im Radio ein Interview mit einer Persönlichkeit aus der Wissenschaft. Sie hören den Text **zweimal**. Wählen Sie bei den Aufgaben die richtige Lösung a, b oder c. Lesen Sie jetzt die Aufgaben 1 bis 6. Dazu haben Sie 90 Sekunden Zeit.

1. Was wird die Digitalisierung in der Zukunft verstärkt prägen?

   a. Neue Unterhaltungsgeräte werden entwickelt.

   b. Intelligente Assistenten helfen den Kranken.

   c. Die einzelnen Haushalte werden miteinander verbunden.

2. Was setzt die Digitalisierung voraus?

   a. Technische Geräte.

   b. Die gleiche Sprache.

   c. Einen großen Raum.

3. Was lässt sich aus dem Beispiel vom Wohnzimmer ablesen?

   a. Auf Basis der Digitalisierung wachsen heute verschiedene Technologien zusammen.

   b. Online-Mediatheken verdrängen Tablets und Smartphones.

   c. Das Internet spielt beim Austausch der Endgeräte eine untergeordnete Rolle.

4. Welche Anwendung gehört zum „Smart Home"?

   a. Die Digitalkamera kann warnende SMS verschicken.

   b. In Heizung und Fenster werden Sensoren ausgestattet.

   c. Der eigene Stromverbrauch kann via App kontrolliert werden.

5. Wozu werden smarte Geräte verstärkt bei älteren Menschen zu Hause ausgestattet?

   a. Um Ärzte rechtzeitig über die Stürzgefahr zu informieren.

   b. Um ihnen ein selbstständiges Leben zu Hause zu ermöglichen.

   c. Damit sie gesund bleiben und keine Medizin mehr brauchen.

6. Die Menschen müssen in Zeiten der Digitalisierung ...

    a. lernen, wie sie mit den neuen Technologien umzugehen.

    b. dem persönlichen Kontakt mehr Aufmerksamkeit schenken.

    c. unabhängig von den anderen bleiben.

Modellsatzübung Hören Teil 4

Sie hören einen kurzen Vortrag. Der Redner spricht über das Thema „Künstliche Intelligenz". Sie hören den Text **zweimal**. Wählen Sie bei den Aufgaben die richtige Lösung a, b oder c. Lesen Sie jetzt die Aufgaben 1 bis 8. Dazu haben Sie 90 Sekunden Zeit.

1. Die Forschung zur künstlichen Intelligenz ...

    a. setzt sich zum Ziel, die Maschinen nachzubilden.

    b. ist nicht mehr nur ein Teilgebiet der Computerwissenschaft.

    c. hat zehn Jahre gedauert.

2. Es ist bisher nicht gelungen, eine wirklich „denkende" Maschine zu entwickeln, ...

    a. weil die Forscher noch nichts von dem menschlichen Denken verstehen.

    b. denn für eine Maschine ist die Durchführung von Befehlen sehr einfach.

    c. obwohl KI-Forschung andere Disziplinen verbindet.

3. Die Konzentration der Forschung auf einzelne Teilbereiche ...

    a. erschwert den Austausch zwischen Forschern unterschiedlicher Fachgebiete.

    b. fordert eine ständige Kommunikation zwischen Wissenschaftlern.

    c. macht eine Zusammenarbeit verschiedenster Disziplinen unmöglich.

4. Schwache KI ...

    a. legt die Basis für Mathematik und Informatik.

    b. erreicht die menschliche Intelligenz in allen Bereichen.

    c. wird bereits in Bereichen des alltäglichen Lebens eingesetzt.

5. Starke KI ...

    a. weist mehrere Eigenschaften auf.

    b. wurde bereits von Forschern entwickelt.

    c. könnte problemlos eingesetzt werden.

6. Beim Turing - Test ...

   a. unterhält sich ein Tester jeweils kurz mit einem anderen Menschen und einer Maschine.

   b. sehen und hören sich die Gesprächspartner nicht.

   c. kann der Tester immer mit Bestimmtheit zwischen einem Menschen und einer Maschine unterscheiden.

7. Wie wird KI in Form von Robotern eingesetzt?

   a. In der Medizin können Roboter allein Operationen durchführen.

   b. Roboter ersetzen zahlreiche Mitarbeiter in Produktionsstraßen.

   c. Roboter übernehmen gefährliche Arbeit in der Automobilindustrie.

8. Wofür könnten sich die heutigen Kinder mehr interessieren?

   a. Schachspielen.

   b. Dinos und Puppen.

   c. Spielzeuge, die lernen können.

vorgeschlagene Arbeitszeit: 50 Minuten

Modellsatzübung Schreiben Teil 1

Sie schreiben einen Forumsbeitrag zum Thema „Roboter in der Altenpflege".

- Äußern Sie Ihre Meinung zum Thema „Roboter in der Altenpflege".
- Nennen Sie Beispiele, wie Pflegeroboter eingesetzt werden könnten.
- Nennen Sie Gründe, warum Roboter in der Altenpflege eingesetzt werden.
- Nennen Sie weitere Möglichkeiten zur Bekämpfung des Pflegenotstands.

Denken Sie an eine Einleitung und einen Schluss. Bei der Bewertung wird darauf geachtet, wie genau die Inhaltspunkte bearbeitet sind, wie korrekt der Text ist und wie gut die Sätze und Abschnitte sprachlich miteinander verknüpft sind. Schreiben Sie mindestens **150** Wörter.

Dauer: für beide Teilnehmende ca. 8 Minuten

Modellsatzübung Sprechen Teil 1

Sie nehmen an einem Seminar teil und sollen dort einen kurzen Vortrag halten. Wählen Sie ein Thema (A oder B) aus. Ihre Gesprächspartnerin/Ihr Gesprächspartner hört zu und stellt Ihnen anschließend Fragen.

Strukturieren Sie Ihren Vortrag mit einer Einleitung, einem Hauptteil und einem Schluss.

Ihre Notizen und Ideen schreiben Sie bitte in der Vorbereitungszeit auf.

Sprechen Sie circa vier Minuten.

Thema A

Neue Erfindungen

- Beschreiben Sie mehrere Erfindungen.

- Beschreiben Sie eine Erfindung genauer.

- Nennen Sie Vor- und Nachteile und bewerten Sie

  diese.

Thema B

Kinder und Jugendliche für Wissenschaft begeistern

- Beschreiben Sie mehrere Möglichkeiten.

- Beschreiben Sie eine Möglichkeit genauer.

- Nennen Sie Vor- und Nachteile und bewerten Sie

  diese.

Einheit 12 Sprache, Gesellschaft und Wirtschaft

Wortschatz und Struktur

1. Welches Verb passt nicht? Streichen Sie durch.

a. Man kann Demonstrationen: verbieten – auflösen – stattfinden – veranstalten

b. Man muss die Armut: beseitigen – auskommen – überwinden – begrenzen

c. Man kann die Macht: ausbrechen – ergreifen – ausüben – festigen

d. Man kann Gesetze: erlassen – gelten – beschließen – verabschieden

e. Man kann Sozialhilfe: empfangen – beanspruchen – beziehen – bezahlen

2. Begriffe zum Thema „Wirtschaft". Finden Sie den passenden Begriff zu jeder Definition.

> die Kaufkraft   die Inflation   der Preisschub   die Rezession   die Konjunktur
>
> die Aktien   die Branche   der Umsatz   die Fusion   der Aufschwung

a. _____ Gesamtwirtschaftliche Lage mit bestimmter Entwicklungstendenz.

b. _____ Dokumente, die bestätigen, dass man Anteile an einer Firma besitzt.

c. _____ Eine Zeitspanne, in der das Geld an Wert verliert.

d. _____ Ein wirtschaftlicher Bereich, in dem die Anbieter ähnliche Ziele verfolgen.

e. _____ Das Potenzial des Kunden, Waren und Dienstleistungen zu kaufen.

f. _____ Der Zusammenschluss von Firma

g. _____ Eine Phase, in der das Wirtschaftswachstum abnimmt.

h. _____ Kräftige Preiserhöhung für ein Produkt.

i. _____ Die Summe aller Einnahmen in einer bestimmten Zeitspanne ohne Berücksichtigung von möglichen Kosten.

j. _____ Eine Phase, in der sich die wirtschaftliche Lage verbessert (weniger Arbeitslose, mehr Umsätze, ...)

3. **Einige Argumente für den frühen Fremdsprachenunterricht. Ergänzen Sie die Verben in den richtigen Formen.**

> aufbauen hinweisen fördern festigen auswirken bieten erleichtern
> verarbeiten entwickeln lenken erlernen nutzen belegen

a. Zahlreiche Studien _____ darauf _____, dass zweisprachige Kinder Informationen schneller _____ und ihre Aufmerksamkeit gezielter _____ können. Demnach scheint sich früher Fremdsprachenerwerb durch die Entwicklung eigener Lernstrategien günstig auf das Lernen generell _____.

b. Neurowissenschaftliche Studien _____, dass Kinder bis zu ihrem sechsten Lebensjahr besonders für Sprachen sehr empfänglich sind. Kleine Kinder _____ schneller Netzwerke im Gehirn _____, was das Lernen _____. Durch den Einsatz von Bewegung und Spielen kann beispielsweise die Phonetik muttersprachenähnlich _____ und _____ werden.

c. Der frühe Fremdsprachenunterricht kann altersgemäße psychische Eigenschaften des Kindes wie Neugier, Wissbegierde, Kommunikationsbedürfnis sowie Bereitschaft und Fähigkeit zur Nachahmung _____. Der Unterricht _____ dem Kind eine Möglichkeit, sich vielseitig zu _____ und _____ eine positive Einstellung zu Fremdsprachen.

4. **Formen Sie die Relativsätze in Partizipialkonstruktionen um.**

Beispiel: Es ist bislang wohl die größte Insolvenz in Deutschland, die durch das Coronavirus ausgelöst wurde.

-> Es ist bislang wohl die größte durch das Coronavirus ausgelöste Insolvenz in Deutschland.

a. Der Strukturwandel und die Abwanderung der Kunden ins Netz, die damit einhergeht, sei für Modehändler, Warenhäuser oder Elektronikketten ohnehin schon eine gewaltige Herausforderung.

_____

_____

b. Die Ergebnisse einer Unternehmensumfrage, die vom Bundeswirtschaftsministerium in Auftrag gegeben wurde, zeigen, dass drei von vier Unternehmen zum Zeitpunkt der Befragung negative Auswirkungen der Corona-Krise erwarten.

_____

_____

c. Kinder, die von Geburt an zweisprachig erzogen werden, durchlaufen typischerweise drei Entwicklungsstufen, in denen die beiden Sprachen allmählich als zwei eigenständige Systeme begriffen werden.

_____

_____

d. Die Entwicklungen, die ein Kind bei einer zweisprachigen Erziehung durchlebt, mögen für Eltern manchmal irritierend sein und Ängste wecken, dass sie ihr Kind überfordern und ihm keine der beiden Sprachen richtig beibringen werden.

_____

_____

5. Formen Sie die Partizipialkonstruktionen in Relativsätze um.

Beispiel: Bereits Ende Februar hat der Reiseveranstalter China Tours Hamburg ein Insolvenzplanverfahren beantragt, nachdem das Geschäft der auf Asienreisen spezialisierten Firma eingebrochen war.

-> Bereits Ende Februar hat der Reiseveranstalter China Tours Hamburg ein Insolvenzplanverfahren beantragt, nachdem das Geschäft der Firma eingebrochen war, die auf Asienreisen spezialisiert war.

a. In der von dem Marktforschungsunternehmen KANTAR durchgeführten Befragung wurden zwischen dem 14. und 23. April insgesamt 500 repräsentative Unternehmen unterschiedlicher Wirtschaftszweige und Größenklassen befragt.

_____

_____

b. Die Ergebnisse belegen auch, dass die von der Bundesregierung eingeleiteten Krisenmaßnahmen wirken: Fast 60 Prozent der befragten Kleinunternehmen nutzen die Soforthilfen des Bundes und der Länder oder planen dies.

_____

_____

c. Die seit Jahren kontinuierlich steigende Nachfrage nach professioneller Fürsorgearbeit wirkt sich positiv auf die Einkommen der in dieser Branche arbeitenden Menschen.

_____

_____

d. Schließlich können Bildungspolitik und Pädagogik weder eine gerechte Steuerpolitik noch eine die Armut konsequent bekämpfende Sozialpolitik ersetzen.

_____

_____

e. Wer bereits über einen Basis-Wortschatz verfügt, kann seinen Laptop oder sein Smartphone auf die zu lernende Fremdsprache umstellen.

_____

_____

c. Frank

Ich arbeite nun schon seit drei Jahren als Frisör in Leipzig. Leider lebe ich bisher von einem geringen Verdienst, mit dem ich meinen Lebensunterhalt nur schwer bestreiten kann. Daher finde ich Geld wirklich sehr wichtig, denn wenn man jeden Euro zweimal umdrehen muss und nicht auch mal in Urlaub fahren kann, geht viel Lebensqualität flöten. Trotzdem würde ich nicht zu anderen Branchen wechseln. In diesem Beruf bin ich gern, da kann ich mit meinem Geschick und den Sinn für Kreativität und Ästhetik den Menschen ein schönes Erscheinungsbild schaffen. Inzwischen habe ich mir deshalb schon oft mit dem Gedanken gespielt, sich selbstständig zu machen, und zwar als mobiler Frisör, also ich fahre nach Bestellung zu Kunden! Das kann ich auch ohne Meistertitel machen und hat den Vorteil von geringeren Betriebskosten. Jedoch muss ich mit flexiblen – oft unvorhersehbaren – Arbeitszeiten umgehen können und kein Problem damit haben, viel Zeit hinter dem Lenkrad zu verbringen.

d. Yasmin

Ich bin nun schon seit ein paar Jahren mit dem Ingenieur-Studium fertig und habe sofort eine Festanstellung bekommen. Ich finde, der Beruf sollte einen zumindest interessieren und einem sollte nicht ständig langweilig sein. Schon mal ausgerechnet, wie viel Zeit man eigentlich damit verbringt? Es ist richtig viel. Geld ist mir insofern wichtig, dass ich gut davon leben kann, auch falls ich Kinder bekommen werde. Das Gehalt sollte auch in einem guten Verhältnis dazu stehen, wie viel ich arbeite. Da ist eine Work-Life-Balance besonders wichtig. Ein Nachbar von mir verdient richtig gutes Geld, sicherlich 1000 Euro mehr Netto als ich. Dafür hat er aber jeden Tag insgesamt vier Stunden Arbeitsweg, also bereits 20 Stunden die Woche und pünktlich Feierabend wird's auch nicht oft geben. Auch bei dem sehr hohen Gehalt wäre das für mich nicht erstrebenswert, weil dadurch meine Lebensqualität viel zu stark sinken würde.

Modellsatzübung Hören Teil 1

Sie hören fünf Gespräche und Äußerungen. Sie hören jeden Text **einmal**. Zu jedem Text lösen Sie zwei Aufgaben. Wählen Sie bei jeder Aufgabe die richtige Lösung. Lesen Sie jetzt die Aufgaben 1 und 2. Dazu haben Sie 15 Sekunden Zeit.

1. Die Frau erzählt von einer unglücklichen Erfahrung in Berlin. | Richtig | Falsch |

2. Warum machte die Frau so einen Fehler?

    a. Weil sie in Hamburg keine Fahrscheine gekauft hatte.

    b. Weil sie das Wort „Entwerten" nicht verstand.

    c. Weil sie zuvor keine Erfahrung mit dem Entwerten gemacht hatte.

3. Der Journalist berichtet über den Kosmetikverkauf in Amerika. | Richtig | Falsch |

4. Weleda ...

    a. produziert ausschließlich Kosmetik aus Pflanzen.

    b. erlebt nun einen deutlichen Umsatzstieg in Amerika.

    c. ist seit langem erfolgreich auf dem amerikanischen Markt.

5. Die beiden sprechen über Weihnachtsgeschenke für Kinder. | Richtig | Falsch |

6. Gutscheine als Weihnachtsgeschenke ...

    a. nehmen wenig Platz unter dem Weihnachtsbaum.

    b. entsprechen den Wünschen der Kinder.

    c. möchte die Frau beliebig kaufen.

7. Eine Studentin gibt Tipps, was auf der Homepage von Sprachschulen zu beachten ist. | Richtig | Falsch |

8. Was könnte eine gute Sprachschule sein?

    a. Die Schule hat online viele positive, aber auch ein paar negative Kommentare.

    b. Die Kurstypen und die Preise muss man per E-Mail oder Telefon erfahren.

    c. Die Schule gibt keine Antwort auf negative Bewertungen.

9. Eine Person fragt nach dem Zeitmanagement für das Deutschlernen. ☐ Richtig ☐ Falsch

10. Hat man wenig Zeit zum Deutschlernen ...

   a. sollte man die gesamte Zeit intensiv dafür benutzen.

   b. sollte man die Sprache jeden Tag 30 Minuten trainieren.

   c. könnte man die Lernzeit über die ganze Woche verteilen.

Modellsatzübung Hören Teil 4

Sie hören einen kurzen Vortrag. Die Rednerin spricht über das Thema „Förderung der Mehrsprachigkeit". Sie hören den Text **zweimal**. Wählen Sie bei den Aufgaben die richtige Lösung a, b oder c. Lesen Sie jetzt die Aufgaben 1 bis 8. Dazu haben Sie 90 Sekunden Zeit.

1. Als mehrsprachig gelten in Deutschland ...

   a. nur Kinder, die Deutsch, Griechisch, Türkisch oder Französisch sprechen.

   b. ausschließlich Menschen, die von Geburt an zwei Sprachen gelernt haben.

   c. mehr Menschen als man üblich denkt.

2. Wer früh eine zweite oder mehrere Sprachen lernt, ...

   a. kann die Sprachen gleichmäßig gut anwenden.

   b. hat Vorteile bei der kognitiven Entwicklung.

   c. kann problemlos von einer Sprache zur anderen wechseln.

3. Mehrsprachige Kinder ...

   a. haben besseres Einfühlungsvermögen.

   b. sehen die Welt gleich wie die einsprachigen.

   c. denken komplizierter.

4. Das „kritische Zeitfenster" ...

   a. ist ein Fenster, aus dem Kinder die Welt kritisch betrachten.

   b. ist ein unumstrittenes Thema.

   c. ist ein Zeitraum, in dem Kinder die Sprachen besonders leicht aufnehmen.

5. Was ist für den Lernerfolg der Zweit- oder Fremdsprachen nicht wichtig?

   a. Wie alt man ist.

   b. Wie gut man die erste Sprache beherrscht.

   c. Wie oft man die Sprache gebraucht.

6. In Deutschland ...

   a. sind über 1000 Kitas, in denen jeder Erzieher zwei Sprachen sprechen.

   b. können bilinguale Schulen alle Unterrichtsfächer in Fremdsprachen anbieten.

   c. ist Vollimmersion noch nicht der Regelfall.

7. Nach Meinung der Rednerin ...

   a. gibt es Beweise dafür, dass Kinder nicht gleichzeitig mehrere Sprachen beherrschen können.

   b. ist die Erstsprache kontinuierlich weiterzuentwickeln.

   c. sollten die Eltern die Sprache ihrer Kinder in Kindergarten oder Schule nicht zu Hause sprechen.

8. Wenn die Erstsprache nicht konsequent gefördert würde, ...

   a. würden sowohl die erste als auch die zweite Sprache beeinträchtigt.

   b. könnten Kinder trotzdem die zweite Sprache adäquat benutzen.

   c. sprächen Kinder beide Sprachen nur halb richtig.

vorgeschlagene Arbeitszeit: 25 Minuten

Modellsatzübung Schreiben Teil 2

Die Abteilung, in der Sie ein Praktikum machen, möchte einen Ausflug mit verschiedenen Aktivitäten organisieren. Sie würden gern daran teilnehmen und Ihre Hilfe anbieten. Schreiben Sie an die Verantwortliche, Frau Klemm, eine E-Mail.

Bitten Sie um einen Gesprächstermin.	Erzählen Sie, welche Organisationserfahrungen Sie haben.
Machen Sie Vorschläge, wie Sie helfen könnten.	Nennen Sie den Grund, warum Sie helfen möchten.

Überlegen Sie sich eine passende Reihenfolge für die Inhaltspunkte.

Bei der Bewertung wird darauf geachtet, wie genau die Inhaltspunkte bearbeitet sind, wie korrekt der Text ist und wie gut die Sätze und Abschnitte sprachlich miteinander verknüpft sind. Vergessen Sie nicht Anrede und Gruß. Schreiben Sie mindestens **100** Wörter.

Dauer: für beide Teilnehmende ca. 5 Minuten

Modellsatzübung Sprechen Teil 2

Diskussion führen

Sie sind Teilnehmende eines Debattierclubs und diskutieren über die aktuelle Frage.

Soll jeder ein bedingungsloses Einkommen bekommen?

- Tauschen Sie Ihren Standpunkt und Ihre Argumente aus.

- Reagieren Sie auf die Argumente Ihrer Gesprächspartnerin/Ihres Gesprächspartners.

- Fassen Sie am Ende zusammen: Sind Sie dafür oder dagegen?

Sie können diese Stichpunkte zu Hilfe nehmen.

bezahlbar oder eine finanzielle Belastung?
Arbeitsmotivation steigt/sinkt?
gerecht für alle oder doch ungerecht?
mehr Sicherheit und Selbstverwirklichungsmöglichkeiten?
...

Lösungen

Einheit 1

Wortschatz und Struktur

1. (1) technologischen (2) modernen   (3) praktischer   (4) traditionellen

   (5) ausgewiesenen   (6) preisgünstige   (7) weltlängste   (8) gesamten

   (9) führender   (10) bequeme   (11) bargeldlosen   (12) weltgrößte

   (13) schnellsten

2. a. verliebt   b. traurig   c. abhängig   d. entschlossen

   e. angewiesen   f. schuld   g. interessiert   h. neugierig

   i. erstaunt   j. befreundet

3.

Adjektiv + Präposition + Dativ	Adjektiv + Präposition + Akkusativ
abhängig von	angewiesen auf
befreundet mit	erstaunt über
entschlossen zu	neugierig auf
interessiert an	traurig über
schuld an	verliebt in

4. 1) g   2) i   3) c   4) a   5) j   6) b   7) f   8) d

Lesen Teil 3

1. c   2. j   3. a   4. d   5. g   6. 0   7. h

Lesen Teil 5

1. b   2. c   3. c   4. a

Hören Teil 1

1. Falsch   2. a   3. Richtig   4. b   5. Richtig   6. c   7. Richtig   8. c

9. Falsch   10. c

Hören Teil 3

1. Falsch   2. Richtig   3. Richtig   4. Falsch   5. Richtig   6. Falsch   7. Richtig

Schreiben Teil 1

Textbeispiel:

Lieber Thomas,

am letzten Wochenende bin ich umgezogen und habe eine Umzugsparty in meinem neuen Zuhause gemacht. Viele unserer Freunde sind gekommen. Die Party war wunderbar und wir haben ganz toll gefeiert. Es ist schade, dass du nicht mitkommen konntest. Ich habe ganz schön viele Einweihungsgeschenke bekommen. Mary hat mir Weinflaschen geschenkt und von Amanda bekomme ich eine schöne Kristallvase geschenkt, die zu meinem neuen Tisch super passt. Sie hat mir am besten gefallen. Mein neues Zuhause möchte ich dir unbedingt zeigen und freue mich sehr auf deinen Besuch. Hast du am kommenden Wochenende Zeit fürs Treffen? Schreib mir, ob dir die Zeit passt.

Liebe Grüße

Tanja

Schreiben Teil 3

Textbeispiel:

Sehr geehrter Herr Kaufmann,

wir haben am letzten Donnerstag einen Termin vereinbart. Es geht um die Gehaltserhöhung. Leider kann ich zu diesem Termin nicht kommen, weil ich da einen Arzttermin habe, den ich nicht verschieben kann. Ich bitte daher um Ihr Verständnis und hoffe, dass wir einen neuen Termin finden können.

Mit freundlichen Grüßen

Tanja Steinmann

Einheit 2

Wortschatz und Struktur

1.   Lösungsvorschlag

Wenn ich tanzen will, gehe ich in die Disco.

Wenn ich mich mit Freunden treffen will, gehe ich in die Kneipe.

Wenn ich Musik hören will, gehe ich ins Konzert.

Wenn ich schwimmen will, gehe ich ins Schwimmbad.

Wenn ich Tiere sehen will, gehe ich in den Zoo.

Wenn ich spazieren gehen will, gehe ich in den Park.

Wenn ich ein Theaterstück sehen will, gehe ich ins Theater.

Wenn ich eine Ausstellung sehen will, gehe ich ins Museum.

Wenn ich einen Film sehen will, gehe ich ins Kino.

Wenn ich grillen will, gehe ich auf einen Grillplatz.

Wenn ich ein neues Kleid kaufen will, gehe ich ins Einkaufszentrum.

Wenn ich ein Bier trinken will, gehe ich in die Kneipe.

Wenn ich Hunger habe, gehe ich ins Restaurant.

Wenn ich ein Fußballspiel sehen will, gehe ich ins Stadion.

Wenn ich lesen will, gehe ich in die Bibliothek.

Wenn ich faulenzen will, bleibe ich zu Hause.

Wenn ich Sport treiben will, gehe ich auf den Sportplatz.

Wen ich wandern will, gehe ich in die Berge.

2.

Basketball	Tischtennis	Fußball	Joggen
Schwimmen	Bungeejumping	Tauchen	Gymnastik

3.　a. Fußball　　　b. Gymnastik　　　c. Schwimmen　　　d. Basketball

　　e. Tauchen　　　f. Bungeejumping　　g. Joggen　　　h. Tischtennis

4.　a. Der Sportboden muss mit einem geeigneten Schutzbelag abgedeckt werden.

　　b. Sportgeräte etc. dürfen nicht ohne Zustimmung der Gemeinde aus den Hallen entfernt werden.

　　c. Alle Außentüren, sowie alle Fenster müssen während der Heizperiode (Oktober bis April) geschlossen gehalten werden.

　　d. Der nordseitig gelegene Sportlereingang muss auch außerhalb der Heizperiode geschlossen gehalten werden.

　　e. Bei wiederholten Verstößen kann eine Person oder Gruppe durch die Gemeinde von der Benutzung der Halle ausgeschlossen werden.

Lesen Teil 1

1. Richtig　　2. Falsch　　3. Falsch　　4. Falsch　　5. Richtig　　6. Falsch

Lesen Teil 5

1. c　　2. c　　3. c　　4. b

Hören Teil 2

1. b　　2. c　　3. a　　4. b　　5. c

Hören Teil 4

1. a　　2. c　　3. a　　4. b　　5. b　　6. b　　7. c　　8. c

Schreiben Teil 3

Textbeispiel:

Sehr geehrte Frau Meyer,

ich möchte mich dafür entschuldigen, dass ich an dem Starttermin nicht in die Tanzschule kommen kann. Ich möchte gern bei Ihnen tanzen lernen, aber die Babysitterin hat abgesagt. Ich muss dann an diesem Tag auf meine Tochter aufpassen. Dafür bitte ich um Ihr Verständnis. Könnten Sie mir Bescheid sagen, wann der nächste Starttermin ist?

Mit freundlichen Grüßen

Tanja Steinmann

Einheit 3

Wortschatz und Struktur

1.　1) e　　　　2) i　　　　3) d　　　　4) l　　　　5) b
　　6) k　　　　7) m　　　　8) f　　　　9) n　　　　10) j
　　11) h　　　12) a　　　13) g　　　14) c　　　15) o

2.　(1) Kindergarten　　(2) Grundschule　　(3) Mittelschule,　　(4) Oberschule
　　(5) Aufnahmeprüfung　(6) Universität　　(7) Fachhochschule　(8) Fachoberschule
　　(9) Berufsfachschule

3.　a. und　　　　b. denn　　　　c. aber　　　　d. sondern　　　　e. aber
　　f. und　　　　g. oder　　　　h. sondern

Lesen Teil 2

1. c   2. c   3. b   4. b   5. b   6. c

Lesen Teil 4

1. Nein   2. Ja   3. Nein   4. Ja   5. Ja   6. Nein   7. Ja

Hören Teil 1

1. Richtig   2. b   3. Falsch   4. c   5. Falsch   6. b   7. Richtig   8. c
9. Falsch   10. a

Hören Teil 3

1. Falsch   2. Falsch   3. Falsch   4. Falsch   5. Richtig   6. Richtig   7. Richtig

Schreiben Teil 2

Textbeispiel:

Meiner Meinung nach darf man Arbeit am Sonn- und Feiertag nicht verbieten. Obwohl die Befürworter dieses Verbotes meinen, dass Sonntag ein Familientag sein muss oder man sich an Feiertagen mit Freuden treffen sollte, möchte nicht jeder sich an Sonn- und Feiertagen ausruhen. Es gibt auch Menschen, die gern an solchen Tagen arbeiten und damit mehr Geld verdienen.

Darüber hinaus muss man sonntags frische Brötchen kaufen oder mal ins Restaurant gehen. Busse müssen gefahren werden und die Kranken müssen auch gepflegt werden. Ohne Arbeit am Sonn- und Feiertag würden zahlreiche Branchen zusammenbrechen. Und das Menschenleben würde dadurch gefährdet.

Einheit 4

Wortschatz und Struktur

1.   1) b

   Ich fahre nach Holland, um die Tulpen zu bewundern.

   2) d

   Ich fahre nach Spanien, um den Flamencotanz anzusehen.

   3) g

   Ich fahre nach China, um auf der großen Mauer spazieren zu gehen.

   4) f

Ich fahre nach Kenya, um Löwen zu fotografieren.

5) a

Ich fahre in die Vereinigte Staaten, um über den Grand-Canyon-Nationalpark zu fliegen.

6) e

Ich fahre nach Hawaii, um zu surfen.

7) j

Ich fahre nach Athen, um die Akropolis zu besichtigen.

8) i

Ich fahre nach London, um den Big Ben zu besuchen.

9) h

Ich fahre nach Paris, um den Eiffelturm zu sehen.

10) c

Ich fahre nach Moskau, um auf dem Roten Platz spazieren zu gehen.

2. 1) d   2) f   3) h   4) a   5) c   6) b   7) e   8) g

3. (1) Klasse   (2) bar   (3) Verbindung   (4) umsteigen

    (5) planmäßig   (6) Rückfahrt   (7) Abfahrt   (8) Ankunft

    (9) Umsteigezeit (10) reservieren (11) ausdrucken   (12) Reise

Lesen Teil 1

1. Richtig   2. Falsch   3. Richtig   4. Falsch   5. Richtig   6. Falsch

Lesen Teil 3

1. c   2. b   3. h   4. i   5. 0   6. f   7. d

Hören Teil 2

1. c   2. b   3. a   4. a   5. c

Hören Teil 4

1. a   2. b   3. a   4. c   5. b   6. c   7. a   8. b

Schreiben Teil 1

Textbeispiel:

Liebe Maria,

wie geht es dir? Ich habe lange nichts von dir gehört. Mir geht es wunderbar, weil ich neulich mit Lisa eine Einkaufstour in Shanghai unternommen habe.

Die Einkaufstour in Shanghai war super schön, weil es vielfältige und auch preiswerte Angebote gab. Aber leider hat mir eins nicht gefallen. Die Zeit war nämlich so knapp, dass ich kaum in Ruhe einkaufen konnte, sondern ganz eilig einige Geschenke zu Weihnachten für Verwandte und Freunde auswählen musste. Hätten wir nur mehr Zeit eingeplant!

Was machst du jetzt? Möchtest du dich mit mir treffen, wenn du frei hast? Darüber würde ich mich sehr freuen.

Antworte mir bald!

Liebe Grüße

Tong

Schreiben Teil 2

Textbeispiel:

In dieser Zeit diskutiert man sehr viel darüber, ob wir ein „autofreies Stadtzentrum" haben sollten. Dazu wollte ich auch meine Meinung ausdrücken. Meinetwegen ist ein autofreies Stadtzentrum ganz sinnvoll, dafür kann ich viele Gründe nennen.

Zuerst kann man sich in einem autofreien Stadtzentrum viel schneller bewegen. Der öffentliche Nahverkehr kann einen überall schneller befördern als das eigene Auto auf den überfüllten Straßen. Zweitens wäre es gesünder, wenn man in einem autofreien Stadtzentrum lebt oder bummelt. Von wenigem Abgas wird unsere Umwelt auch viel profitiert. Übrigens bietet ein autofreies Stadtzentrum Fahrradfahrern und Eltern mit Kinderwägen mehr Sicherheit an.

Aber dabei muss man auch immer darüber nachdenken, wie die öffentliche Infrastruktur weiter zu verbessern ist, damit der Weg zu einem autofreien Stadtzentrum besser geht. Mit geeigneten Begleitmaßnahmen gibt es keinen Grund mehr, das Stadtzentrum mit Autos zu verstopfen.

Obwohl viele lieber noch mit Auto ins Zentrum fahren, halte ich das autofreie Stadtzentrum für sinnvoll, weil es viele Vorteile mit sich bringen kann.

Einheit 5

Wortschatz und Struktur

1. 2) f   3) a   4) g   5) d   6) c   7) e

2. a. Nicht nur, sondern auch

   b. Auch wenn

    c. Je, desto

    d. Sowohl, als auch

    e. zwar, aber

    f. einerseits, andererseits

    g. entweder, oder

    h. weder, noch

3.   blühenden, schillernden

    ausreichendes

    eintretenden, zunehmend

    prägend

    bedeutenden

    packende

4.   blühend - blühen

    Schillernd - schillern

    ausreichend - ausreichen

    eintretend - eintreten

    zunehmen - zunehmen

    prägend - prägen

    bedeutend - bedeuten

    packend - packen

> Partizip I bildet man mit Infinitiv + <u>d</u> und können als <u>Adjektiv</u> oder <u>Adverb</u> gebraucht werden. Vor Nomen brauchen sie eine <u>Adjektivendung.</u>

5.   a. eintretenden   b. zunehmende   c. prägend   d. blühend   e. bedeutender

    f. Ausreichend

Lesen Teil 2

1. c   2. f   3. a   4. d   5. h   6. e

Lesen Teil 5

1. a   2. f   3. g

Hören Teil 2

1. a   2. b   3. a   4. c   5. a   6. c

Hören Teil 4

1. b   2. a   3. c   4. b   5. a   6. b   7. b   8. a

Schreiben Teil 2

Textbeispiel:

Liebe Frau Dengler,

wie Sie wissen, habe ich vor einigen Wochen eine Sonderausstellung für die ägyptische Kultur geplant. Leider muss ich das nun absagen, weil ich momentan noch zwei andere Ausstellungen organisieren muss. Die Arbeit ist viel umfangreicher geworden, als ich gedacht habe, weshalb ich nicht mehr genug Zeit für die ägyptische Kultur habe.

Bitte entschuldigen Sie, dass ich den Plan nicht durchsetzen kann. Ich weiß, dass diese Sonderausstellung sehr wichtig für das Museum ist und es sehr schwierig ist, einen Ersatz zu finden. Mein Cousin Jans studiert Ägyptologie und hat jetzt Sommerferien. Er würde gerne mir helfen und für mich diese Arbeit übernehmen. Ich hoffe, dass das für Sie ein gutes Angebot ist.

Vielen Dank im Voraus.

Mit freundlichen Grüßen

Leon Ruiz

Einheit 6

Wortschatz und Struktur

1. a. fördern   b. süchtig   c. Eignen   d. Voraussetzungen   e. Umgang

    f. Medienkompetenz   g. eingesetzt   h. Täuschungsversuche   i. Datenschutz

    j. ausgestattet

2. Prof. Dr. Joachim Trebbe sagt, Digitale Technologien **wirkten** sich also nicht nur positiv oder negativ auf unsere Meinungsbildung aus. Sie **seien** zunächst einmal nur neue Vehikel zur Informationsvermittlung und Vernetzung. Weder die größtenteils positive Sicht während des Arabischen Frühlings, noch die pessimistische Perspektive nach dem Brexit und der US-Wahl **würden** diesem Grundsatz gerecht. Sinnvoll **sei** deshalb eine nüchternere Sicht auf das Netz, die einerseits **aufzeigte**, was bereits **funktionierte**, andererseits aber auch ehrlich die Probleme **eingestehe**. Nur so **könne** ein Weg entwickelt werden, gesunde

Meinungsbildungsprozesse im Netz zu etablieren und weiterzuentwickeln.

Dr. Jan- Hinrick Schmidt sagt, Algorithmen, Filterblasen, Desinformation: Diese Begriffe **würden** wie Schmeißfliegen durch die Gegend **schwirren**, wenn es um Meinungsbildung im digitalen Zeitalter **gehe**. Das Problem dabei sei allerdings, dass sie häufig als Buzzwords benutzt und dramatisiert **würden**. Die Hintergründe und Zusammenhänge **würden** dabei nicht immer sofort klar. Klar **sei** allerdings, dass sich die Prozesse der Meinungsbildung und damit die Grundlagen demokratischer Entscheidungen von Bürger/innen durch die digitale Revolution immer mehr ins Internet **verlagern würden**. Der Anteil des Netzes unter den meinungsbildenden Medien **sei** laut der Medien-Gewichtungs-Studie 2018 der Medienanstalten auf mittlerweile knapp 27 Prozent **gestiegen**. Unter den 14- bis 29-Jährigen **liege** der Wert sogar bei knapp 54 Prozent. Davor **liege** bei der Gesamtbevölkerung nur noch das Fernsehen mit rund 33 Prozent. Mehr als die Hälfte der täglichen Reichweite von sozialen Medien und Suchmaschinen **entfalle** laut der Studie mittlerweile auf eine Nutzung, die für die Meinungsbildung eine Rolle **spiele**.

Im Netz **löse** sich die Deutungshoheit von Medienhäusern und Journalist/innen als Gatekeeper von Informationen weitgehend **auf**. Über soziale Netzwerke, Blogs und Foren **könne** inzwischen jede/r die eigene Meinung öffentlich äußern und eine Vielzahl anderer Menschen erreichen. Rund um den Arabischen Frühling 2011 **seien** soziale Medien deshalb als Technologie der Selbstermächtigung, Liberalisierung und Demokratisierung **gefeiert worden**. Menschen in verschiedenen arabischen Ländern **hätten** durch die Kommunikation im Netz ihre Gemeinsamkeiten **entdeckt** und Proteste gegen autoritäre Regimes **organisiert**. Damals **habe/ hätte** das Augenmerk vor allem auf den verbindenden Eigenschaften des Internets **gelegen**.

Lesen Teil 1

1. a   2. d   3. b   4. c   5. b   6. a   7. d   8. c   9. d

Lesen Teil 4

1. e   2. f   3. b   4. h   5. c   6. g

Hören Teil 3

1. b   2. c   3. b   4. a   5. b   6. c

Hören Teil 4

1. b   2. a   3. c   4. b   5. c   6. b   7. b   8. c

Schreiben Teil 1

Textbeispiel:

Wohl die meisten sind von uns heute im Besitz eines Smartphones. Es bietet einfach eine bequeme Kommunikationsmöglichkeit und zudem zahlreiche andere praktische Funktionen. Die Digitalisierung von Schrift, Bild und Ton bringt einen dramatischen Wandel in der Medienlandschaft. Mit dem PC kann man jetzt auch telefonieren und Videos ansehen. Die Veränderungen durch digitale Medien gehen über das Publizieren weit hinaus, was ich eher für positiv halte.

Digitale Medien sind so verbreitet, weil sie uns tatsächlich viele Vorteile mit sich bringen: Zum Beispiel brauchen wir kein Geld mehr, sondern elektronisch bezahlen, unsere Unterschrift wird abgelöst durch einen Code. Mit einem PC oder Tablet kann man jetzt Kurse im Ausland besuchen oder von zuhause arbeiten, besonders in der Corona-Pandemie.

Jedoch bringen uns digitale Medien nicht nur Bequemlichkeit und Kenntnisse und Unterhaltung, sondern auch Ängste, Irritation und Stress, da viele unserer Informationen auch von anderen zugreifbar sind. Außerdem sind sie auch nicht so gut für die Kinder und Jugendliche, vor allem, wenn sie zu früh, zu häufig und nicht altersgerecht genutzt werden. Meiner Meinung nach gibt es viele andere Möglichkeiten, um Informationen zu bekommen, beispielsweise wenn man Bücher oder Zeitungen liest oder Radio hört. Papierbücher bzw. Zeitungen lassen sich mit viel mehr Ruhe und Bedacht lesen und man hat gleichzeitig mehr Zeit nachzudenken. Übrigens lernen die Kinder dabei Konzentration und Gedankengänge werden länger verfolgt, was das Gehirn erweitert.

Einheit 7

Wortschatz und Struktur

1.   2) c   3) e   4) a   5) b   6) h   7) j   8) f   9) g   10) i

2.   a. Insulin ist ein Mittel, das den Zellen hilft, den Zucker aus dem Blut aufzunehmen.

b. Diabetes ist eine Krankheit, die im Volksmund auch „Zuckerkrankheit" genannt wird.

c. Cannabis ist eine Art Droge, deren Legalisierung eine heftige Diskussion auslöst.

d. Unterzuckerung ist zu niedriger Blutzuckerspiegel, der zur Bewusstlosigkeit führen kann.

e. Erkältungssaft ist ein Saft, der gegen Fieber und Schmerzen hilft.

f. Arzneimittel ist Mittel, das zu Heilmittel gehört, z.B. Medikamente.

g. Broteinheit ist eine Mengenangabe, die für die Berechnung der Menge an Kohlenhydraten in Speisen als Hilfe für Personen verwendet wird, besonders für Patienten mit Diabetes, um gefährliche Schwankungen des Blutzuckergehalts zu vermeiden.

h. Neurowissenschaften sind ein Forschungsfeld, das zahlreiche Disziplinen umfasst, wie etwa die Neurophysiologie, Neuropsychologie usw.

i. Kohlenhydrat ist eine Verbindung, die aus Kohlenstoff, Wasserstoff und Sauerstoff besteht.

3. a. verspürt   b. spritzen   c. misst   d. verlieren   e. anfallen

   f. erachtet   g. erleiden   h. umrechnen   i. danebengegangen   j. stützt

4.

GESUND LEBEN			UNGESUND LEBEN	
Ernährung	Bewegung	Entspannung	Essen	Anderes
Milchprodukte, Eiweißlieferanten, Vitamin, Kohlenhydrate, Vollkornprodukte, Mineralstoff	Tanzen, Sport treiben, Übungen im Fitnessstudio, am Home-Trainier Sport machen, beschleunigter Puls und Atmung	ein warmes Bad nehmen, Erholung in der Natur, ausreichend Schlaf, ein schönes Buch lesen, gute Musik hören, Stress abbauen, in die Sauna gehen, Schönheitskuren machen, im Wachzustand relaxen, regelmäßige Körperuntersuchung, richtiges Durchatmen	Fertiggerichte essen, viel Alkohol trinken	Cannabis rauchen, rauchen, überdosieren, Burnout

5.

Person A: Der gestresste Ingenieur sollte auf jeden Fall Sport treiben, z.B. er könnte am Home-Trainier Sport machen.

Person B: Die Studentin könnte schöne Musik hören oder in die Sauna gehen, um Stress abzubauen.

Person C: Wenn ich die junge Mutter wäre, würde ich versuchen, mit den Kindern in die Natur zu gehen und sich dort zu erholen.

Person D: Der Jungmanager sollte sich keine Fertiggerichte, sondern mehr Milchprodukte und

Vollkornprodukte zu sich nehmen.

Person E: Sie sollte erstmal regelmäßig untersuchen lassen und öfter in die Sauna gehen.

Lesen Teil 2

1. d   2. g   3. b   4. e   5. a   6. f

Lesen Teil 4

1. d   2. g   3. c   4. f   5. h   6. b

Hören Teil 1

1. Falsch   2. c   3. Richtig   4. a   5. Falsch   6. c   7. Richtig   8. a

9. Richtig   10. b

Hören Teil 2

1. b   2. b   3. c   4. c   5. b   6. a

Schreiben Teil 1

Textbeispiel:

Heutzutage ist eine riesige Auswahl an fertigen Speisen im Supermarkt zu finden. Obwohl viele Verbraucher häufiger zugreifen, bin ich eher vorsichtig mit diesem Trend. Ich halte es für problematisch, sich dauerhaft von Fertigmenüs zu ernähren, weil beim Essen neben der Bequemlichkeit auch der Gesundheitsaspekt wichtig sein sollte.

Die Menschen haben wenig Zeit und sind viel unterwegs. Sie sind froh, wenn sie Zeit sparen können und das nicht zulasten des Geschmacks und der Gesundheit geht. Fertige Speisen scheinen dafür genau das Richtige zu sein. Deshalb erfreuen sie sich wachsender Beliebtheit.

Allerdings kommen viele Fertiggerichte mit wenigen Vitaminen, schlechtem Fett und zu vielen Kalorien daher. Am besten kocht man selbst mit regionalen und saisonalen Zutaten, wodurch Qualität und Frische auf den Tisch gebracht werden. Kochen muss kein Zeitfresser sein. Mit Blitzrezepten lassen sich Gerichte schnell zubereiten. Auch wenn die frische Küche daheim nur selten in Frage kommt, kann man Fertigprodukte mit frischen Zutaten kombinieren und dadurch aufwerten. So kann man sich trotzdem gesund ernähren, wenn man wirklich unter Zeitdruck steht. Wer beim Einkauf gezielt auswählt und sinnvoll kombiniert, kann sich auch damit gesund ernähren.

Einheit 8

Wortschatz und Struktur

1. a. Gehalt   b. Ausbildung   c. Bewerbung   d. Pendler   e. Arbeitskampf

    f. Arbeitsbedingungen   g. Weiterbildungen   h. Stellenanzeigen

    i. Schlüsselqualifikationen   j. Anforderungen

2. a. verändert sich   b. Reg dich, auf   c. euch, eingeschrieben   d. Lass dir

    e. mich erkundigen   f. sich, fortbilden   g. meldet sich   h. nehme mir

    i. dich, weiterbilden   j. dir vorstellen

3. 1) c   2) d   3) e   4) b   5) a   6) h   7) f   8) g   9) j   10) i

4. a. im Stich lassen

    b. Abschied nehmen

    c. Ansicht/Meinung vertreten

    d. in Angriff nehmen

    e. zur Verfügung stellen

    f. unter Kontrolle bringen

    g. in Erwägung ziehen

    h. Fehler begehen

    i. Beifall finden

    j. Einfluss aus/üben

5. a. Abschied nahm

    b. fand/findet Beifall

    c. Fehler begangen

    d. übt, Einfluss, aus

    e. im Stich gelassen

    f. in Erwägung gezogen

    g. nehmen in Angriff

    h. vertreten, Meinung

    i. unter Kontrolle gebracht

    j. stellt zur Verfügung

Lesen Teil 3

1. b   2. a   3. c   4. a   5. b   6. b

Lesen Teil 5

1. b   2. f   3. c

Hören Teil 3

1. c   2. b   3. b   4. a   5. c   6. c

Schreiben Teil 2

Textbeispiel:

Sehr geehrter Herr Löffler,

ich möchte mich dafür entschuldigen, dass ich das Bewerbungsgespräch gestern Nachmittag verpasst habe, auf das ich mich eigentlich schon lange gefreut habe. Gestern war meine letzte Klausur in diesem Semester. Und ich war so konzentriert, dass ich unseren Termin vergessen habe. Es tut wirklich sehr Leid und ich bitte Sie um Verständnis.

Wie Sie in meiner Bewerbung gelesen haben, ist das Praktikum sehr wichtig für mich. Ihre Firma zählt zu den Vorreitern der Branche und nimmt seit Jahrzehnten immer eine Spitzenposition ein. Es ist auch mein Traum, bei Ihnen das Praktikum zu machen oder wenn es in Zukunft möglich ist, weiter hier zu arbeiten. Also könnten Sie mir noch eine Chance für das Gespräch geben? Könnten wir uns am nächsten Montag um 10 Uhr treffen?

Ich freue mich auf Ihre Antwort und herzlichen Dank im Voraus.

Mit freundlichen Grüßen

Janick Milet

Einheit 9

Wortschatz und Struktur

1.   a. mutig   b. mager   c. egoistisch   d. gesprächig

2.

f. Eifersucht	f. Zuverlässigkeit
m. Egoismus	f. Großzügigkeit
f. Offenheit	f. Treue
f. Toleranz	m. Fleiß

3.

ungeduldig	rücksichtslos
verantwortungslos	intolerant
unhöflich	unehrlich
unflexibel	humorlos

4. (1) eifersüchtig

   (2) zufrieden

   (3) ernst

   (4) schlecht

   (5) faul

   (6) langweilig

   (7) arrogant

5. a. für   b. auf   c. bei   d. Darauf   e. davon   f. an   g. auf   h. An   i. dazu   j. darin

6. a. Auf wen, Auf

   b. Von wem, Von

   c. Auf wen, auf

   d. in, worin

   e. Um wen, Um

   f. Womit, mit

Lesen Teil 1

1. a   2. b   3. a   4. c   5. b   6. d   7. a   8. c   9. d

Lesen Teil 4

1. d   2. e   3. c   4. g   5. h   6. b

Hören Teil 1

1. Richtig   2. b   3. Richtig   4. a   5. Falsch   6. a   7. Richtig   8. a
9. Falsch   10. c

Hören Teil 3

1. b   2. c   3. a   4. c   5. b   6. a

Schreiben Teil 2

Textbeispiel:

Sehr geehrter Herr Ackermann,

ich schreibe Ihnen, weil ich heute verspätet zum wöchentlichen Team-Meeting gekommen bin. Ich weiß, dass ich mich letzten Freitag auch um 30 Minuten verspätet habe, weil ich am Kolloquium an der Universität teilnehmen muss, das erst um 14.30 endet. Mit dem Bus bin ich ca. 45 Minuten unterwegs. Ich hoffe sehr, dass Sie meine Situation verstehen können. Neben dem Praktikum schreibe ich gerade noch meine Masterarbeit und dafür sind das regelmäßige Treffen sowie die Besprechung über die Masterarbeiten in der Gruppe erforderlich und hilfreich. Aber das Team-Meeting möchte ich auch nicht verpassen. Daher habe ich mir Gedanke gemacht, dass ich mich 15 Minuten früher auf den Weg mache und mit einem Taxi zur Firma fahre. Somit kann ich pünktlich im Büro sein und diese Situation in Zukunft vermeiden.

Mit freundlichen Grüßen

Tanja Steinmann

Einheit 10

Wortschatz und Struktur

1. a. Atomkraft   b. Wasser   c. Gold   d. Viren   e. Korallen

2. a. umweltbewusst   b. bewahren   c. bedroht   d. ausgestorben   e. Atommüll

    f. verseucht   g. Ausbau   h. Bodenschätze   i. Ausstoß, vermindern

    j. Abholzung   k. Bekämpfung   l. belastet

3. a. aufgegeben   b. zurückgehen   c. bedienen   d. sinken   e. verbieten

4.

f. Emission	f. Deponie
f. Entlassung	f. Entsorgung
m. Ausstoß	n. Recycling
f. Vermeidung	m. Verbrauch
m. Rückgang	n. Verbot

5. a. Dass es auf der Erde wärmer wird, ist unvermeidbar.

    b. Wenn die Erderwärmung zwei Grad nicht überschreitet, ließen sich die schlimmsten Folgen des Klimawandels verhindern und die Situation bliebe beherrschbar.

c. Durch Energiesparmaßnahmen und die verstärkte Nutzung alternativer Energieträger wäre der Anstieg der Treibhausgase bis 2050 zu halbieren.

d. Auch im Alltag ist dringend etwas zu tun, um die Erderwärmung unter der kritischen Grenze von zwei Grad Celsius zu halten.

e. Sonst würde immer mehr Hitzewellen geben, die unerträglich (nicht erträglich) sind.

6. a. Obwohl die Regenwaldzerstörung schon sehr weit fortgeschritten ist, kann dieser Prozess noch gestoppt oder zumindest verlangsamt werden.

b. Der Stecker muss aus der Steckdose gezogen werden, wenn die elektrischen Geräte nicht benutzt werden.

c. In der Corona-Zeit können die Menschen nicht mehr überall gerochen werden, was natürlich auch gut für Tiere ist.

d. Damit die Luft in der direkten Wohnumgebung weniger belastet wird, müssen bestimmte Schornsteine künftig höher gebaut werden.

e. Der Schutz des Klimas und der Natur muss konsequent umgesetzt werden. Ebenso muss eine nachhaltige Entwicklung der Stadt, des Wohnens und der Mobilität sichergestellt werden.

Lesen Teil 2

1. d   2. g   3. a   4. f   5. b   6. c

Lesen Teil 4

1. g   2. h   3. c   4. b   5. a   6. e

Hören Teil 3

1. a   2. a   3. c   4. c   5. b   6. c

Schreiben Teil 1

Textbeispiel:

Heutzutage haben wir verschiedenste Mobilitätsmöglichkeiten. Bei der Entscheidung für das eine oder andere Verkehrsmittel sind mehrere Faktoren wichtig. Ich finde es dringend nötig, dass wir bei jeder Fahrt die Ökobilanz der Mobilitätsform berücksichtigen. umsteigen sollten.

Das Auto ist das verbreiteteste Fortbewegungsmittel im Personenverkehr. Die Vorteile eines Autos bestehen vor allem in der Flexibilität und Unabhängigkeit. Es ermöglicht einem zu beliebigen Zeiten auf direktem Weg relativ schnell und bequem von A nach B zu gelangen. Zudem können weitere Personen mitgenommen oder Transporte erledigt werden. All dies führt zu einem kontinuierlich ansteigenden PKW-Bestand in vielen Ländern.

Mit dem Auto sind jedoch ein hoher Energieverbrauch und damit hohe CO_2-Emissionen verbunden. Daher sollten wir lieber andere umweltschonende Verkehrsmittel benutzen. Ein wichtiger Bestandteil einer nachhaltigen Mobilität sehe ich in der breiten Nutzung von Elektrofahrzeugen. Anstatt von fossilen Energieträgern könnte der Motor eines Elektroautos von Strom aus erneuerbaren Energien betrieben werden. Und somit ist ein E-Auto emissionsfrei.

Wer sich kein Elektroauto leistet, kann sich natürlich auch umweltfreundlich bewegen. Das Fahrrad gilt als das umweltfreundlichste Verkehrsmittel. Es kostet wenig und ist besonders für Kurzstrecken geeignet. Es gibt auch überall Stellplätze und Radfahren ist schließlich gut für unsere Gesundheit.

Zum Schluss möchte ich sagen, dass wir durch unser umweltfreundliches Mobilitätsverhalten zum Umweltschutz beitragen sollten.

Einheit 11

Wortschatz und Struktur

1. a. entdecken   b. vermuten   c. deuten   d. ausgeben   e. ausdenken

2. a. Experimente, Test   b. Daten, Modelle   c. Hypothesen, Prognosen
   d. Forschungsergebnisse   e. Erkenntnis   f. Verfahren

3. a. sorgte, entwickelt   b. experimentieren, fand heraus, konstruieren   c. ersetzte
   d. herauszugeben, umgetauscht   e. eingesetzt   f. entdeckte

4. a. Je weiter wir in den Weltraum vordringen, desto wahrscheinlicher ist es, auf anderes Leben zu treffen.

   b. Je stärker ein Unternehmen schon in die Digitalisierung investiert, desto höher ist die Bereitschaft, weiter Geld dafür auszugeben.

   c. Je automatisierter Systeme sind, desto wichtiger ist die Vertrauenswürdigkeit des Anbieters.

   d. Je mehr der Roboter einem Menschen ähnelt, desto unheimlicher wirkt er auf den Nutzer.

   e. Je größer die Datenmenge ist, desto zuverlässiger lassen sich Korrelationen erkennen.

5. a. ..., als ob sie in der ersten Reihe an der Präsenzvorlesung teilnähmen.

   b. ..., als säßen sie als Teilnehmer in der ersten Reihe.

c. ..., als wenn sie um die Welt gereist wären und verschiedene Sehenswürdigkeiten besucht hätten.

d. ..., als wären Auszubildende bei einer realen Getriebemontage in Werkstätten.

e. ..., als ob sie unterschiedliche Patiententypen hätten und Operationsschritte durchführen würden.

Lesen Teil 3

1. b   2. c   3. b   4. a   5. c   6. c

Lesen Teil 5

1. f   2. d   3. e

Hören Teil 2

1. b   2. a   3. a   4. c   5. b   6. a

Hören Teil 4

1. b   2. c   3. b   4. c   5. a   6. b   7. c   8. c

Schreiben Teil 1

Textbeispiel:

Im Alter sind Menschen auf Hilfe und Pflege angewiesen. In Japan werden bereits Roboter in der Altenpflege eingesetzt. Auch in anderen Ländern wie Deutschland sieht man hier ein hohes Entwicklungspotential.

Meiner Meinung nach stellt die Robotertechnik eine sinnvolle Ergänzung der menschlichen Pflege dar, kann diese aber keineswegs ersetzen. Roboter könnten einfachere praktische Dienste übernehmen, damit Pflegekräfte mehr Zeit für menschliche Zuwendung hätten. Beispielsweise könnten sie beim Essenaustragen und Waschen helfen, den Senioren Bewegungsübungen zeigen oder Patienten an die Einnahme ihrer Medikamente erinnern.

Ein wichtiger Grund für den Einsatz von Pflegerobotern ist der demografische Wandel vieler Länder, in denen der Anteil der über 60-Jährigen ständig anwächst. Damit verbunden ist ein zunehmender Pflegefachkräftemangel. Daher setzen viele Pflegeeinrichtungen mittlerweile auf Pflegeroboter, um Mitarbeiter zu entlasten und den Patienten mehr Komfort zu bieten.

Wie bereits erwähnt, könnten Roboter die Pflegekräfte nicht ersetzen. Gegen den Pflegenotstand müssen noch andere Aspekte berücksichtigt werden. Wenn z. B. dem Pflegepersonal eine bessere Bezahlung gewährleistet würde, könnte dieser Beruf sicher mehr an Attraktivität gewinnen. Gleichzeitig sollte der Staat mehr finanzielle Hilfen für Familien mit pflegebedürftigen Angehörigen bieten, damit sie auch zu Hause besser betreut werden.

Zusammenfassend lässt sich sagen, dass zur besseren Altenpflege sowohl die Robotertechnik als auch alle anderen Beteiligten beitragen könnten.

Einheit 12

Wortschatz und Struktur

1. a. stattfinden   b. auskommen   c. ausbrechen   d. gelten   e. bezahlen

2. a. die Konjunktur   b. die Aktien   c. die Inflation   d. die Branche

    e. die Kaufkraft   f. die Fusion   g. die Rezession   h. der Preisschub

    i. der Umsatz   j. der Aufschwung

3. a. weisen hin, verarbeiten, lenken, auszuwirken

    b. belegen, bauen auf, erleichtert, erlernt, gefestigt.

    c. nutzen, bietet, entwickeln, fördert.

4. a. Der Strukturwandel und die damit einhergehende Abwanderung der Kunden ins Netz sei für Modehändler, Warenhäuser oder Elektronikketten ohnehin schon eine gewaltige Herausforderung.

    b. Die Ergebnisse einer vom Bundeswirtschaftsministerium in Auftrag gegebenen Unternehmensumfrage zeigen, dass drei von vier Unternehmen zum Zeitpunkt der Befragung negative Auswirkungen der Corona-Krise erwarten.

    c. Die von Geburt an zweisprachig erzogenen Kinder durchlaufen typischerweise drei Entwicklungsstufen, in denen die beiden Sprachen allmählich als zwei eigenständige Systeme begriffen werden.

    d. Die ein Kind bei einer zweisprachigen Erziehung durchlebenden Entwicklungen mögen für Eltern manchmal irritierend sein und Ängste wecken, dass sie ihr Kind überfordern und ihm keine der beiden Sprachen richtig beibringen werden.

5. a. In der Befragung, die von dem Marktforschungsunternehmen KANTAR durchgeführt wurde/worden ist, wurden zwischen dem 14. und 23. April insgesamt 500 repräsentative Unternehmen unterschiedlicher Wirtschaftszweige und Größenklassen befragt.

    b. Die Ergebnisse belegen auch, dass die Krisenmaßnahmen, die von der Bundesregierung eingeleitet wurde/worden sind, wirken: Fast 60 Prozent der Kleinunternehmen, die befragt wurden/worden sind, nutzten die Soforthilfen des Bundes und der Länder oder planen dies.

c. Die Nachfrage nach professioneller Fürsorgearbeit, die seit Jahren kontinuierlich steigt, wirkt sich positiv auf die Einkommen der Menschen, die in dieser Branche arbeiten.

d. Schließlich können Bildungspolitik und Pädagogik weder eine gerechte Steuerpolitik noch eine Sozialpolitik ersetzen, die die Armut konsequent bekämpft.

e. Wer bereits über einen Basis-Wortschatz verfügt, kann seinen Laptop oder sein Smartphone auf die Fremdsprache umstellen, die zu lernen ist.

Lesen Teil 1

1. b   2. b   3. a   4. d   5. a   6. c   7. d   8. a   9. c

Hören Teil 1

1. Richtig   2. c   3. Falsch   4. b   5. Falsch   6. a   7. Richtig   8. a
9. Richtig   10. c

Hören Teil 4

1. c   2. b   3. a   4. c   5. b   6. c   7. b   8. a

Schreiben Teil 2

Textbeispiel:

Sehr geehrte Frau Klemm,

es ist mir bekannt, dass Sie für unsere Abteilung einen Ausflug mit verschiedenen Aktivitäten organisieren möchten. Ich würde sehr gern dabei helfen, weil ich momentan relativ viel Freizeit habe. Außerdem habe ich Organisationserfahrungen, denn von mir wurden bereits viele Veranstaltungen unserer Hochschule organisiert. Ich bin aktiv in einem Fotoverein und habe viele eindrucksvolle Fotos gemacht. Der Nebenjob bei einem Fotografen hat mir auch viel Erfahrung gebracht. Aus diesem Grund wäre ich bereit, den Ausflug mit Fotos und Videos zu unterstützen. Ich bitte Sie um einen Gesprächstermin, damit wir bald möglichst mit der Organisation der Veranstaltung anfangen könnten.

Mit freundlichen Grüßen

Max Hennig

Texttranskriptionen

Einheit 1

Hören Teil 1

Nummer 1

Das Schlager Radio ist edelweiß, handlich, praktisch, mit einer LED-Taschenlampe ausgestattet und hat einen super Klang. Auch die Wiedergabe der eigenen Lieblingsschlager über eine USB-Schnittstelle ist per MP3 möglich. Das Besondere: Dieses Radio gibt es nicht zu kaufen, sondern nur zu gewinnen! Und so geht's: Registrieren Sie sich jetzt kostenlos für das Gewinnspiel. Telefonisch unter 080 00 79 89 99. Klingelt bei Ihnen das Telefon, melden Sie sich immer mit „Hallo Schlager Radio". Und schon gehört das exklusive Schlager Radio Ihnen!

Nummer 2

In unserem Restaurant mit Biergarten begrüßen wir Gäste aus der gesamten Region. Neu haben wir Montag geschlossen! Ständig wechselnde Mittagstischangebote zu fairen Preisen von Dienstag- Freitag von 11.30- 14.00 Uhr. Für Gruppen sind wir auf Vorbestellung an diesem Tag da. Erfahren Sie auf unserer Homepage mehr über unsere Gaststätte und unsere Angebote für Sie.

Nummer 3

Sehr geehrte Fluggäste, wir beginnen nun den Landeanflug auf Frankfurt. Aktuelle Wetterlage in Frankfurt, meist sonnig mit angenehmen 21 Grad. Leider ist der Luftraum voll und wir wurden von der Flugsicherung informiert, dass es eine Verzögerung von mindestens 30 Minuten geben wird. Ich melde mich wieder sobald ich Neuigkeiten habe. Bitte bleiben sie solange angeschnallt sitzen, bis die Anschnallzeichen über Ihnen erloschen sind. Ich bedanke mich bei Ihnen für Ihr Vertrauen.

Nummer 4

Aktuelle Verkehrsmeldungen und Staus. Berlin: Zwischen Jakob- Kaiser- Platz und Dreieck- Charlottenburg 1km stockender Verkehr, mittlere Geschwindigkeit von 20km/h. Gefahr durch Gegenstände auf dem Fahrstreifen. Wegen der größeren Hölzer ist rechter Fahrstreifen gesperrt.

Bitte vorsichtig fahren. Stuttgart: Am Kreuz Stuttgart bis nach Aichelberg besteht die Autobahn A8 voller Verkehrsbehinderungen.

Nummer 5

Hi Martin, war alles in Ordnung bei dir? Ich kann dich telefonisch nicht erreichen. Deshalb spreche ich dir die Sache auf die Mail- Box. Es geht um die Fahrradtour morgen. Der Plan hat sich geändert, weil das Wetter nicht mitmacht. Wir müssen sie aufs nächste Wochenende verschieben. Aber wir treffen uns morgen trotzdem noch am Bahnhof und fahren dann zusammen in die Kunstgalerie.

Hören Teil 3

Sie sitzen im Zug und hören, wie sich zwei Studierende über das erste Jahr in Deutschland unterhalten.

Estella:	Ah, Mann, Martin, endlich habe ich dich gefunden.
Martin:	Ich habe mich schon gewundert und befürchtet, dass ich im falschen Waggon bin. Aber wir haben unsere Reservierungen doch hier, oder? Wagen 6, Platz 7 und 8?
Estella:	Ja, das stimmt schon. Als ich eingestiegen bin, dachte ich, wir hätten Plätze im Waggon 8 reserviert. Und jetzt musste ich meinen Koffer durch den halben Zug tragen.
Martin:	Was hast du denn alles mitgenommen? Dein Koffer sieht wirklich schwer aus.
Estella:	Na ja, wir fahren in die Berge und es ist November. Ich habe viele dicke Klamotten eingepackt.
Martin:	Wieso? Dir kann nicht kalt sein, du kommst aus Finnland.
Estella:	Alle meine Freunde denken: Eine Finnin kann nicht frieren, denn in Finnland ist es immer kalt. Das stimmt aber nicht. Und in Deutschland spüre ich die Kälte mehr als in Finnland.
Martin:	Aber das Wetter ist eine gute Möglichkeit, um ein Gespräch zu beginnen.
Estella:	Ja, das stimmt. Und ich finde die Kälte nicht mehr so schlimm, besonders wenn ich mir zusammen mit Freunden deutschen TV- Serien anschaue.
Martin:	Haha, sehr lustig! Welche TV- Serien hast du dir angesehen?

Estella:	Mein erster Kontakt zu Deutschland war die TV-Serie „Kommissar Rex". Als ich fünf Jahre alt war, habe ich sie zusammen mit meiner Mutter gesehen. Sie hat mir die Untertitel vorgelesen.
Martin:	Hm, klingt irgendwie interessant. Und die Seifenoper „Sturm der Liebe"?
Estella:	Ja, die habe ich mir auch angeschaut. Der erste Satz, den ich gelernt habe, war: „Ich hasse dich!" Deutsche Serien sind sehr gut zum Lernen! Jetzt sehe ich sehr gern die bekannte Kriminalserie „Tatort".
Martin:	Sag mal, Estella, wie findest du eigentlich das Leben in Deutschland?
Estella:	Ich finde mein Leben hier in Deutschland toll. Es ist nie langweilig, ich treffe mich oft mit Freunden. Und das Fernsehen mag ich immer noch.
Martin:	Warst du vor dem Pädagogik-Studium schon mal in Deutschland?
Estella:	Ja, während meines Bachelorstudiums war ich schon einmal für ein Semester in Deutschland-an der Universität in Paderborn. Damals habe ich gemerkt, wie freundlich und hilfsbereit die Deutschen sind. Für uns Finnen ist es schwer, nach Hilfe zu fragen. Wir versuchen immer, alles selbst zu machen. Erst wenn es trotzdem nicht funktioniert, fragen wir.
Martin:	Ach ja? Du hast da bestimmt viele Freunde kennengelernt.
Estella:	Genau. In meinem Austauschsemester habe ich viele tolle Freunde kennengelernt, auch meinen Freund. Deshalb wollte ich wieder zurück nach Deutschland und habe mich wieder bei der Uni Paderborn beworben. Hm...Wo sind eigentlich die anderen?
Martin:	Daniel, Maria und Simon haben ihre Plätze in Waggon 9. Nur wir beiden sind hier in Waggon 6 und haben unsere Ruhe.

Einheit 2

Hören Teil 2

Sie nehmen an einem Schulprojekt „Mehr bewegen-besser essen" teil und hören folgende Informationen.

Verehrte Gäste, liebe Kinder, herzlich willkommen zu unserem Schulprojekt „Mehr bewegen – besser essen". Mein Name ist Katharina Meyer und ich bin Verantwortliche dieser Veranstaltung. Ich möchte Ihnen heute das Schulprojekt näherbringen. Der Projekttag „Mehr bewegen – besser essen" gliedert sich in die drei Themenschwerpunkte Ernährung, Bewegung und Verantwortung. Inhalte und Ablauf des Projekttages werden hier vorgestellt.

Im Themenschwerpunkt „Ernährung" geht es darum, das Bewusstsein der Kinder für die eigenen Möglichkeiten zu stärken. Ob ständig genascht oder auch mal zum Apfel gegriffen wird, ob nur Pommes oder auch frisches Gemüse auf den Teller kommen - in diesem Rahmen können Schulkinder Entscheidungen treffen. Das Nachdenken und Philosophieren über „Was tut mir gut" soll deshalb schon früh initiiert und gefördert werden.

Beim Projekttag „Mehr bewegen - besser essen" spielt die praktische, der kindlichen Erlebniswelt angepasste Auseinandersetzung mit Lebensmitteln und ihrer Erzeugung eine entscheidende Rolle. Gemeinsam kochen und essen, Ernährungstheorie, der Weg der Nahrung durch den Körper und eine Portion Tisch- und Esskultur stehen auf dem abwechslungsreichen Stundenplan zum Thema Ernährung - und machen Appetit auf mehr.

Kinder bewegt vieles - aber die meisten bewegen sich inzwischen viel zu wenig. Schade, denn Bewegung ist ein angeborenes Grundbedürfnis. Mal so richtig wild zu spielen, dieser Drang steckt wohl in jedem Kind. Doch viel zu häufig bleiben die Jungen und Mädchen stattdessen vor dem PC oder dem Fernseher sitzen. Kinder, die sich nicht genug bewegen, haben Muskel- und Haltungsschwächen. Sie leiden unter Koordinationsstörungen, ihre Wahrnehmungsfähigkeit ist beeinträchtigt, was zum Beispiel die Orientierung im Raum erschwert.

Dabei ist bekannt, dass Bewegung Stress abbaut und Einfluss auf die Entwicklung der kognitiven Fähigkeiten hat. Am Projekttag geht es aber in erster Linie darum, Freude an der Bewegung zu vermitteln. In der aktiven Bewegungseinheit steht das gemeinsame Erlebnis im Vordergrund, gleichzeitig werden spielerisch verschiedene motorische Fähigkeiten angesprochen. Zusammen rennen, hüpfen, Einsatz zeigen, den Körper spüren und merken: „Das fühlt sich gut an." Ziel ist es, den Kindern Anregungen und Motivation zu vermitteln, regelmäßig Bewegung ins Spiel zu bringen.

Kinder machen sich Gedanken über die Welt und haben durchaus ihre eigenen, oft überraschenden Ansichten dazu. Eine repräsentative Umfrage unter Kindern von neun bis zwölf Jahren kommt beispielsweise zu dem Ergebnis, dass 65 Prozent der Schülerinnen und Schüler Angst vor der Zerstörung der Umwelt haben. Aber sie tun auch etwas dagegen in ihrem Alltag. Dieses Interesse und den Tatendrang der Kinder gilt es zu bestärken und zu fördern.

Hören Teil 4

Moderatorin:	Liebe Zuhörerinnen und Zuhörer, hallo und herzlich willkommen bei einer neuen Ausgabe von „Pro und Contra". In unserer heutigen Sendung geht es um die Frage, ob der Sportunterricht in der Schule notwendig ist. Wir haben zwei Gäste dazu eingeladen, Daniel Kleim, Schüler des Gymnasiums am Mosbacher Berg und Thorsten Folmer, Sportlehrer vom Gymnasium Lilienthal. Wir duzen uns einfach mal. Daniel und Thorsten, herzlich willkommen. Daniel, warum finden so viele Schüler den Schulsport überflüssig?
Daniel:	Ich persönlich freue mich immer sehr auf die wenigen Stunden in der Woche. Aber einige meiner Mitschüler würden dieses Fach lieber abschaffen, weil sie sich schämen, sie haben auch Angst, die von der Lehrkraft angestellten Forderungen nicht erfüllen zu können.
Moderatorin:	Das kann ich mir sehr gut vorstellen. Man muss z.B. eine vorgegebene Strecke in einer bestimmten Zeit laufen, um eine gute Note zu bekommen.
Daniel:	Ja, das ist halt so. Dann haben diese Schüler so gut wie keine Chance mehr, da sie sich nicht anstrengen können, sondern dauernd daran denken, was passiert, wenn sie als Einzige in der Klasse eine Vier oder etwas Schlechteres bekommen.
Moderatorin:	Thorsten, du bist Sportlehrer und kennst solche Situationen bestimmt sehr gut. Was sagen deine Schüler dazu?
Thorsten:	Viele verschiedene Meinungen treten bei meinen Schülern auf, wenn es um den Sportunterricht geht. Einige sind begeisterte Sportler. Andere jedoch können damit gar nicht anfangen. Das Fach Sport ist eigentlich als Ausgleich zum ewigen Stillsitzen gedacht und sollte den Schülern das Lernen erleichtern.
Moderatorin:	Als allerwichtigster Punkt steht natürlich die Gesundheit an. Viel zu viele Jugendliche leiden in der heutigen Zeit an Bewegungsmangel, da sie außerhalb der Schule keinen Sport betreiben. Wie waren es bei deinen Mitschülern, Daniel?
Daniel:	Bei uns scheint es so, dass immer alles „in" ist, was nicht gerade viel mit Bewegung zu tun hat. Es sind Computerspiele, Handys und weitere Dinge, die uns Jugendliche faszinieren. Viele von uns haben oft den dringenden Bedarf an Bewegung einfach außer Auge gelassen.
Thorsten:	Ja, würde auch noch dieser Unterricht ausfallen, sähe es wohl sehr schlecht aus mit der Gesundheit der Schüler. Bewegung trägt nicht nur dazu bei, die Muskulatur zu verstärken, sondern soll auch von Aggressionen und Stress befreien. Menschen, die sich zu wenig bewegen, erkranken sehr schnell an Krankheiten wie Probleme mit dem Kreislauf, Herzen oder Gewicht.

Daniel: Außerdem fühle ich mich im Schulsport animiert und motiviert, etwas Gutes für meinen Körper zu tun. Viele meiner Mitschüler bemerken erst im Schulunterricht wie viel Spaß sie an einer bestimmten Sportart haben können. Alleine oder mit Freunden kommen wir nicht auf die Idee, viele verschiedene Spiele und Arten des Sports auszuprobieren. In der Schule ist der Lehrplan gefüllt mit einer Menge verschiedener Sportarten wie z.B. Volleyball, Badminton oder Leichtathletik. Somit lernen wir viele neue Dinge kennen, die dem Körper guttun.

Thorsten: Wir versuchen, mit verschiedenen Sportarten das Interesse der Jugendlichen zu wecken. Wenn man erst einmal ihr Interesse daran geweckt hat, motiviert man sie dazu, eine Sportart auch in der Freizeit zu betreiben.

Moderatorin: Viele reden auch vom Mannschaftssport. Daniel, wie finden ihn deine Schulfreunde? Kommen die unsportlichen Teenager damit gut zurecht?

Daniel: Gerade etwas unsportliche Teenager mögen ihn nicht, da sie Angst haben zu sehen, dass andere Jugendliche einige Dinge so gut können, die sie nicht einmal schaffen würden.

Thorsten: Aber wenn man in einem Team zusammen ist, wird eine Gemeinschaft sehr gestärkt. Das heißt die Kinder müssen Teams bilden, mit denen sie den Spielverlauf in Gang bringen wollen. Hierbei lernt man sich besser kennen, kommt miteinander ins Gespräch und trägt dazu bei, die Gemeinschaft einer Klasse zu stärken. Jeder sieht sich in einem Team als Teil einer Gruppe und selbst Außenseiter können so in Gruppen integriert werden. Die Anpassung an ein Team kann auch später im Berufsleben einmal sehr von Nutzen sein.

Moderatorin: Wie das im Leben ebenso ist, kann man die einen Dinge besser und die anderen weniger gut. Ich glaube, diese Einsicht fehlt den Jugendlichen manchmal.

Thorsten: Dies kann die Einstellung zum Sport sehr negativ prägen, weil die Jugendlichen nicht verstehen, wieso sie etwas tun sollten, was zwar gut für den Körper sein soll, jedoch für sie selbst im ersten Moment unangenehm ist.

Moderatorin: Vielen Dank, Daniel, vielen Dank Thorsten, für das Gespräch. Das war es für heute, liebe Hörerinnen und Hörer. Tschüss bis nächste Woche.

Moderatorin: Liebe Zuhörerinnen und Zuhörer, hallo und herzlich willkommen bei einer neuen Ausgabe von „Pro und Contra". In unserer heutigen Sendung geht es um die Frage, ob der Sportunterricht in der Schule notwendig ist. Wir haben zwei Gäste dazu eingeladen, Daniel Kleim, Schüler des Gymnasiums am Mosbacher Berg und Thorsten Folmer, Sportlehrer vom Gymnasium Lilienthal. Wir duzen uns einfach mal. Daniel und Thorsten, herzlich willkommen. Daniel, warum finden so viele Schüler den Schulsport überflüssig?

Daniel: Ich persönlich freue mich immer sehr auf die wenigen Stunden in der Woche. Aber einige meiner Mitschüler würden dieses Fach lieber abschaffen, weil sie sich schämen, sie haben auch Angst, die von der Lehrkraft angestellten Forderungen nicht erfüllen zu können.

Moderatorin: Das kann ich mir sehr gut vorstellen. Man muss z.B. eine vorgegebene Strecke in einer bestimmten Zeit laufen, um eine gute Note zu bekommen.

Daniel: Ja, das ist halt so. Dann haben diese Schüler so gut wie keine Chance mehr, da sie sich nicht anstrengen können, sondern dauernd daran denken, was passiert, wenn sie als Einzige in der Klasse eine Vier oder etwas Schlechteres bekommen.

Moderatorin: Thorsten, du bist Sportlehrer und kennst solche Situationen bestimmt sehr gut. Was sagen deine Schüler dazu?

Thorsten: Viele verschiedene Meinungen treten bei meinen Schülern auf, wenn es um den Sportunterricht geht. Einige sind begeisterte Sportler. Andere jedoch können damit gar nicht anfangen. Das Fach Sport ist eigentlich als Ausgleich zum ewigen Stillsitzen gedacht und sollte den Schülern das Lernen erleichtern.

Moderatorin: Als allerwichtigster Punkt steht natürlich die Gesundheit an. Viel zu viele Jugendliche leiden in der heutigen Zeit an Bewegungsmangel, da sie außerhalb der Schule keinen Sport betreiben. Wie waren es bei deinen Mitschülern, Daniel?

Daniel: Bei uns scheint es so, dass immer alles „in" ist, was nicht gerade viel mit Bewegung zu tun hat. Es sind Computerspiele, Handys und weitere Dinge, die uns Jugendliche faszinieren. Viele von uns haben oft den dringenden Bedarf an Bewegung einfach außer Auge gelassen.

Thorsten: Ja, würde auch noch dieser Unterricht ausfallen, sähe es wohl sehr schlecht aus mit der Gesundheit der Schüler. Bewegung trägt nicht nur dazu bei, die Muskulatur zu verstärken, sondern soll auch von Aggressionen und Stress befreien. Menschen, die sich zu wenig bewegen, erkranken sehr schnell an Krankheiten wie Probleme mit dem Kreislauf, Herzen oder Gewicht.

Daniel: Außerdem fühle ich mich im Schulsport animiert und motiviert, etwas Gutes für meinen Körper zu tun. Viele meiner Mitschüler bemerken erst im Schulunterricht wie viel Spaß sie an einer bestimmten Sportart haben können. Alleine oder mit Freunden kommen wir nicht auf die Idee, viele verschiedene Spiele und Arten des Sports auszuprobieren. In der Schule ist der Lehrplan gefüllt mit einer Menge verschiedener Sportarten wie z.B. Volleyball, Badminton oder Leichtathletik. Somit lernen wir viele neue Dinge kennen, die dem Körper guttun.

Thorsten:	Wir versuchen, mit verschiedenen Sportarten das Interesse der Jugendlichen zu wecken. Wenn man erst einmal ihr Interesse daran geweckt hat, motiviert man sie dazu, eine Sportart auch in der Freizeit zu betreiben.
Moderatorin:	Viele reden auch vom Mannschaftssport. Daniel, wie finden ihn deine Schulfreunde? Kommen die unsportlichen Teenager damit gut zurecht?
Daniel:	Gerade etwas unsportliche Teenager mögen ihn nicht, da sie Angst haben zu sehen, dass andere Jugendliche einige Dinge so gut können, die sie nicht einmal schaffen würden.
Thorsten:	Aber wenn man in einem Team zusammen ist, wird eine Gemeinschaft sehr gestärkt. Das heißt die Kinder müssen Teams bilden, mit denen sie den Spielverlauf in Gang bringen wollen. Hierbei lernt man sich besser kennen, kommt miteinander ins Gespräch und trägt dazu bei, die Gemeinschaft einer Klasse zu stärken. Jeder sieht sich in einem Team als Teil einer Gruppe und selbst Außenseiter können so in Gruppen integriert werden. Die Anpassung an ein Team kann auch später im Berufsleben einmal sehr von Nutzen sein.
Moderatorin:	Wie das im Leben ebenso ist, kann man die einen Dinge besser und die anderen weniger gut. Ich glaube, diese Einsicht fehlt den Jugendlichen manchmal.
Thorsten:	Dies kann die Einstellung zum Sport sehr negativ prägen, weil die Jugendlichen nicht verstehen, wieso sie etwas tun sollten, was zwar gut für den Körper sein soll, jedoch für sie selbst im ersten Moment unangenehm ist.
Moderatorin:	Vielen Dank, Daniel, vielen Dank Thorsten, für das Gespräch. Das war es für heute, liebe Hörerinnen und Hörer. Tschüss bis nächste Woche.

Einheit 3

Hören Teil 1

Nummer 1

Guten Tag, Herr Dahl. Hier spricht Frau Schulz von der Firma Osram. Ich rufe wegen Ihres Vorstellungsgesprächs am Montag, den 13. November um 8.45 Uhr an. Frau Steinweg, die Personalchefin, muss an diesem Tag leider zu einer anderen Besprechung. Deshalb müssen wir Ihren Termin verschieben. Ich könnte Ihnen folgende Termine anbieten: Donnerstag, den 16. November um 12.15 Uhr oder Montag, den 20. November um 9 Uhr. Bitte rufen Sie mich doch zurück, und geben mir Bescheid. Meine Nummer ist die 0521 / 89 34 568. Vielen Dank, auf Wiederhören.

Nummer 2

Hallo Frau Lammer, Susanne Meister hier vom Verlag Peter Lang. Ich rufe an, weil ich heute nicht pünktlich zu unserem Gespräch kommen kann. Ich bin jetzt am Bahnhof, mein Zug fällt wegen einer Gleisstörung aus. Ich werde versuchen, den nächsten Zug zu bekommen. Ich werde aber auf jeden Fall kommen, wenn auch verspätet. Sobald ich angekommen bin, werde ich mich sofort bei Ihnen melden. Vielen Dank für Ihr Verständnis. Bis bald!

Nummer 3

Sie hören eine Nachricht auf dem Anrufbeantworter.

Guten Tag, Frau Weber, hier ist Michael Springer von der Uni-Bibliothek. Sie hatten sich bei uns nach einer Fachzeitschrift über Psychologie erkundigt. Leider war diese zu jenem Zeitpunkt nicht verfügbar, worauf Sie die dann vorgemerkt hatten. Ihre Zeitschrift ist jetzt da und Sie können sie jederzeit bei uns abholen. Sie wissen ja, wir haben von Montag bis Freitag, auch am Samstag, von 10 Uhr bis 19 Uhr geöffnet. Vielen Dank und auf Wiederhören.

Nummer 4

Sie hören eine Ankündigung im Radio.

Sind Sie auch jedes Mal nervös vor einem Bewerbungsgespräch? Wissen Sie nicht genau, wie Sie sich in einem Jobinterview verhalten sollen? Sind Sie nicht sicher, wie Sie sich darauf am besten vorbereiten können? Dann liefern wir die wichtigsten Tipps und Tricks rund um das Bewerbungsgespräch in unserer Sondersendung „Bewährungsprobe Bewerbungsgespräch – wie man die schwerwiegendsten Fehler vermeiden kann" am 21. 02. um 20.15 Uhr mit unserem Experten für Job und Bewerbung Joachim Winter. Neben Fragen zum Dresscode, der Körpersprache und dem allgemeinen Auftreten sprechen wir auch über die häufigsten Fragen, die Personaler in einem Vorstellungsgespräch gern stellen. Schalten Sie ein, am 21. 02. um 20.15 Uhr!

Nummer 5

Sie hören eine Durchsage in einer Werkshalle.

Es folgt eine wichtige Durchsage: Der Mitarbeiter Matthias Bachmann aus der Logistikabteilung soll sich bitte am Nachmittag um 15.35 Uhr im Büro des Abteilungsleiters einfinden. Es geht um die Verzögerung bei der Lieferung von Ersatzteilen. Das Büro des Chefs ist im 3. Stock, Zimmer 213. Ich wiederhole: Der Mitarbeiter Matthias Bachmann soll sich bitte am Nachmittag um 15.35 Uhr im Büro des Abteilungsleiters einfinden.

Hören Teil 3

Sie sind in der U-Bahn und hören, wie sich zwei junge Menschen über Ausbildung und Studium unterhalten.

Tobias: Hey, hey Maria, wo kommst du denn her?

Maria: Mann, hey, hast du mich erschreckt! Was machst du denn hier, Tobias? Ist doch mal so gar nicht deine Richtung!

Tobias: Nee, ich bin gerade auf dem Weg zur Uni. Da muss ich immer einmal quer durch die Stadt. Bisschen doof, aber da kann man nichts machen.

Maria: Zur Uni? Studierst du jetzt? Aber du hast doch nach dem Schulabschluss die duale Ausbildung gewählt wie viele unserer Mitschülerinnen und Mitschüler, nicht wahr?

Tobias: Ja, nach dem Abitur habe ich mich für den Bereich Elektrotechnik entschieden. Für manche Fächer konnte ich mich einfach nicht motivieren. Wie du schon weißt, mein Bruder und mein Vater sind Elektroniker. Es ist völlig klar, welchen beruflichen Weg ich nach meinem Abitur einschlagen sollte.

Maria: Das kann ich mir sehr gut vorstellen. Für dich gibt es keine Zweifel, der absolute Wunsch. Du bist sozusagen durch deine Familie einfach ein bisschen vorbelastet. Hast du dann schnell einen Ausbildungsplatz gefunden? Ich habe nämlich von den anderen gehört, dass es nicht so einfach ist.

Tobias: Glücklicherweise war ich schnell bei der Suche nach einem Ausbildungsplatz erfolgreich. Aber zuerst habe ich mich über verschiedene Berufe in diesem Bereich informiert. Dabei half mir auch die Jobbörse.

Maria: Wie schön, wo hast du deine Ausbildung gemacht?

Tobias: Bei der Aurubis AG habe ich eine Ausbildung zum Elektroniker für Automatisierungstechnik gemacht.

Maria: Elektroniker für Automatisierungstechnik? Das hört sich spannend an. Was machst du da genau?

Tobias: Das ist ein echt spannender Beruf und auch anspruchsvoll. Dort habe ich unter anderem das Installieren, Einstellen, Programmieren, Messen und Prüfen von computergesteuerten Anlagen gelernt. Schließlich richtet man komplexe, rechnergesteuerte Industrieanlagen ein und sorgt für ein funktionierendes Zusammenspiel der gesamten Anlage.

Maria: Das klingt wirklich interessant. Und meinst du, dir hat das geholfen?

Tobias: Ja, ich hatte sehr gute Grundlagen und konnte darauf aufbauen. Vor allem mein Durchhaltevermögen hat sich ausgezahlt!

Maria: Aber sag mal, warum bist du zur Uni gegangen? Arbeitest du nicht mehr bei der Firma?

Tobias: Ich habe die Ausbildung relativ locker und auch vorzeitig abgeschlossen. Der Betrieb hat ein duales Studium gefördert und mir ein Stipendium angeboten. Ich wollte mich weiterbilden und da ist die neue Herausforderung zum richtigen Zeitpunkt gekommen. In der vorlesungsfreien Zeit arbeite ich immer noch im Betrieb.

Maria: Das ist sehr praktisch. Durch deine Ausbildung hast du sehr gute Grundkenntnisse. Du hast einfach ein besseres Verständnis für das Thema und kannst auf dein praktisches Wissen aufbauen.

Tobias: Ja, ich habe mich für das duale Studium „Regenerative Energiesysteme und Energiemanagement, Elektro- und Informationstechnik" in Form einer praxisintegrierten Variante entschieden.

Maria: Aber Studieren bedeutet nun ein ganz anderer Rhythmus. Vorlesungen besuchen und lernen.

Tobias: Das stimmt. In der vorlesungsfreien Zeit muss ich noch arbeiten. Faulenzen ist nicht drin.

Einheit 4

Hören Teil 2

Sie sind im Miniatur Wunderland Hamburg und hören die Informationen zu Beginn der Führung.

Guten Morgen, lieber Besucherinnen und Besucher. Herzlich willkommen im Miniatur Wunderland Hamburg. Sie erwartet eine spannende Führung, die ungefähr 15 Minuten dauern wird. Aber keine Angst, ich werde nicht die ganze Zeit reden. Es gibt auch Videos, die wir uns anschauen. Aber bevor Sie sich die Ausstellung ansehen, möchte ich Ihnen noch ein bisschen über die Miniaturwelt erzählen.

In mitten der Hamburger Speicherstadt, dem UNESCO Weltkulturerbe, steht seit 2001 das Miniatur Wunderland. In 17 Jahren und über 800.000 Arbeitsstunden ist auf 1.500 Quadratmetern für über 21 Millionen Euro Baukosten die Miniaturwelt der Superlative entstanden. Die beliebteste Touristenattraktion Deutschlands hält den Guiness Weltrekord als größte Modelleisenbahn der Welt. Über 17 Millionen kleine und große Weltenbummler haben das Wunderland bisher besucht, was ein überwältigendes Erlebnis für alle verspielten Abenteurer ist, die in eine riesige Miniatur-Welt mit neun Abschnitten, tauchen. Die Weltreise in 1 zu 87 beginnt in Italien, führt von der Schweiz, über Deutschland, Österreich und Skandinavien bis nach Amerika. Und wächst immer weiter.

Über 1.000 Züge mit über 10.000 Waggons legen täglich mehrere hundert Kilometer zurück.

Auf der Nordostsee schwimmen Schiffe auf Echtwasser in einem 30.000 Liter Wasserbecken mit simulierter Ebbe und Flut. Der Straßenverkehr in Amerika, dem Flughafen, Skandinavien und Wunderlands berühmter Kleinstadt Knuffingen wird von Computer gesteuert. Über 250 fahrende Autos reagieren in einer intelligenten Simulation aufeinander. Sehr viel Action bieten die spektakulären Feuerwehrgroßeinsätze des Carsystems, wenn bis zu 30 Löschfahrzeuge zur Brandbekämpfung ausrücken. Knuffingen Airport ist laut Guiness World Record der größte Miniatur-Flughafen der Welt und ist technisch ausgetüftelt bis in letztes Detail. Die aufwändige Flugsimulation steuert per Software mehr als 40 Flugzeuge, die im Minutentakt starten und landen.

Bis heute leben über 265.000 Bewohner im Wunderland. Liebevoll in Szene gesetzt, werden alle Facetten des Lebens dargestellt. Ob Trauerrede oder Freudenfest, Heilige oder weniger Heilige, sehr lebendige Menschen und nicht mehr so Lebendige. Einige lieben das Spiel mit dem Feuer und andere lassen Nichts anbrennen. Manche greifen nach den Sternen und wieder andere sind nicht von dieser Welt. Die einen gehen auf lange Reisen, andere fühlen sich zu Hause am wohlsten. Märchengestalten, Fabelwesen, Comicfiguren oder bekannte Filmhelden. Auf einer Reise vom höchsten Berg mit sechs Metern, über verträumte Straßen durch den Grand Canyon, verschneite Landstriche... und idyllische Dörfer, bis hin zu geheimen unterirdischen Basen, ist die Miniaturlandschaft liebevoll inszeniert. Ein Tag im Miniatur Wunderland dauert 15 Minuten. Mit dem Einbruch der Abenddämmerung wird das Nachtleben in einem bezaubernden Licht sichtbar. Überall im Wunderland werden verborgene Geschichten zum Leben erweckt. Die vielen Hundert unterhaltsamen Aktionen können per Knopfdruck an der Anlagekante ausgelöst werden. Die 350 Wunderländer arbeiten Tag ein Tag aus an immer neuen Spielideen und Spielereien. Die Welt hat noch so viele Geschichten zu bieten. Bis 2020 folgen die Abschnitte Monaco und die Provence Frankreichs. Anschließend Südamerika. Was danach kommt, steht in den Sternen. Aber wir bauen weiter.

Hören Teil 4

Der Moderator der Sendung „Alles rund um die Reise" diskutiert mit Frau Nikol und Herrn Thurm über ihre Erfahrungen beim Reisen.

Moderator:	Hallo, liebe Zuhörerinnen und Zuhörer. Hier ist wieder wie jeden Mittwoch um 19.00 Uhr euer Daniel mit der Sendung „Alles rund um die Reise". Wir wollen uns heute einem ganz besonders wichtigen Thema zuwenden, nämlich individuelle oder Gruppenreise. Wir haben heute zwei Gäste im Studio. Mit Frau Nikol und Herrn Thurm wollen wir darüber sprechen, wie man sich für eine der beiden Reisearten entscheiden sollte bzw. was man davon erwarten kann. Herzlich willkommen!
Frau Nikol:	Hallo und guten Abend!
Herr Thurm:	Auch von mir hallo!
Moderator:	Individuell oder Gruppenreise – diese Frage stellt man sich oft, sobald es um das Reisen in ferne Länder geht. Sie beide haben eine Rundreise in Peru gemacht. Frau Nikol, welche Erfahrung haben Sie dabei gemacht?
Frau Nikol:	Bei meiner Südamerika- Rundreise 2019 war ich individuell im Land unterwegs. Mit meiner Schwester war ich circa drei Wochen in Peru.
Moderator:	Was war denn das Besondere an individuellen Reisen?
Frau Nikol:	Diese Reise hat uns einfach Spaß gemacht, weil wir selbst entscheiden können, welche Stopps wir einlegen wollen und wie lange bleiben möchten. Noch drei Tage länger in Cusco bleiben? Gar kein Problem! Der Himmel in Lima ist mal wieder seit Tagen wolkenverhangen? Dann nichts wie ab zum nächsten Busbahnhof und auf nach Süden!
Moderator:	Man hört immer wieder, dass eine individuelle Reise viele Vorteile hat. z.B. man kann dabei seine Fremdsprachenkenntnisse verbessern, weil man auf der Reise ganz auf sich selbst gestellt ist und alles selbst organisieren muss.
Frau Nikol:	Ja, genau. Für mich ist es auch einer der vielen Vorteile.
Moderator:	Herr Thurm, Sie haben 2018 das Land mit dem klein- Gruppe-Reiseunternehmen Intrepid-Travel bereist. Wie sieht es mit Ihrer Gruppenreise aus?
Herr Thurm:	Im August 2018 war ich in Peru. In den knapp zwei Wochen war ich im Amazonas-Gebiet bei Puerto Maldonado, in Lima, habe den Ein-Tages-Inka-Trail zum Machu Picchu erwandert, die Stadt Cusco und das Umland erkundet und habe auf einer Halbinsel auf dem Titicacasee bei einer Gastfamilie übernachtet.
Frau Nikol:	Oh, Sie haben also in zwei Wochen mehr von Peru gesehen, als ich es während meiner individuellen Reise in 3 Wochen geschafft habe.
Herr Thurm:	Das kann man wohl sagen. Noch dazu musste ich mich vor der Reise um nichts kümmern. Gerade wer noch nicht so viel Reiseerfahrung hat, hat hier einen großen Vorteil im Vergleich zur selbstorganisierten Reise.

Moderator:	Da haben Sie etwas ganz Wichtiges angesprochen – die Vorteile einer Gruppenreise. Was wäre Ihnen denn noch wichtig?
Herr Thurm:	Für mich wäre das maximale Erlebnis in minimaler Zeit am wichtigsten. Ich kann in kürzester Zeit die schönsten Orte meines Reiseziels auf der optimalsten Route erkunden. Auf eigene Faust hätte ich das im Falle von Peru nie geschafft und ich war beeindruckt, wie nahtlos alle Programmpunkte ineinandergreifen. Perfekt also für alle, die mit wenigen Urlaubstagen auskommen müssen und trotzdem viel sehen wollen.
Moderator:	Ich glaube auch, dass eine Gruppenreise perfekt für alle ist, die berufstätig sind und in ihrem Alltag eh schon zu viel vor dem Rechner sitzen und mit Planung beschäftigt sind. Frau Nikol, wie sehen Sie das?
Frau Nikol:	Klar, wenn man mit einem Reiseveranstalter unterwegs ist, muss man sich bei der Reiseplanung um nichts kümmern. Aber das Problem ist, dass man bei einer Gruppenreise nicht am selben Tag seinen Reiseverlauf ändern kann, wenn man das will. Nach Wochen in den Anden habe ich beispielsweise meine Reiseroute spontan geändert und bin nach Nazca, Huacachina und Paracas gefahren, weil dort das Wetter besser war.
Herr Thurm:	Obwohl ich bei der Gruppenreise nicht so flexibel war, war die Tour für mich trotzdem super entspannt. Darüber hinaus musste ich bei einigen Top-Sehenswürdigkeiten nicht anstehen und bekam je nach Sehenswürdigkeit manchmal sogar Zugang zu speziellen Orten, die nur Gruppen vorbehalten sind. Das war in Machu Picchu besonders praktisch, wo man sich als Individualreisender schon Monate vorher um die Tickets kümmern muss, wenn man einen der Inka-Trails gehen möchte.
Frau Nikol:	Da haben Sie Recht. Peru ist relativ planungsintensiv und kann auch sehr stressig sein, wenn man sich auch vor Ort um alles kümmern muss.
Moderator:	Es liegt auf der Hand, dass beides Vor- und Nachteile hat. Aber in der Regel entscheidet man sich am Ende für eine der beiden Reisearten. Wer sich um möglichst wenig kümmern möchte und in kurzer Zeit viel sehen will, für den ist eine Gruppenreise ideal. Für einen Strandurlaub oder Reisen innerhalb Europas würde ich dagegen die Flexibilität einer individuell geplanten Reise vorziehen. Frau Nikol, Herr Thurm, leider ist unsere Zeit jetzt zu Ende. Vielen Dank für das Gespräch. Lieber Hörerinnen und Hörer, nächsten Mittwoch sind Frau Grittmann und Frau Hansel bei uns zu Gast. Die beiden werden uns dann von ihren Erfahrungen erzählen. Bis dahin!

Einheit 5

Hören Teil 2

Moderatorin:	Ich begrüße Herrn Gerhaher, berühmten Bariton aus Bayern, kürzlich an der Hamburgischen Staatsoper Schumanns Faust-Szenen gesungen. Also, Herr Gerhaher, warum Schumann?
Herr Gerhaher:	Er ist mein Lieblingskomponist, und ich sehe ihn als Künstler schlechthin. Seine Musik ist nicht so expressiv-kommunikativ. Eine Eigenart der Romantik ist der Selbstbezug, und speziell bei Schumann lassen sich Person und Werk einfach nicht voneinander trennen.
Moderatorin:	Ist Ihre Gesamteinspielung eine Antwort auf die Ihres Lehrers Dietrich Fischer-Dieskau?
Herr Gerhaher:	Fischer-Dieskau hat das ja mit allem gemacht, was sich aufnehmen ließ. Mit Schubert natürlich, mit Strauß und Mahler, Brahms' Lieder hat er sogar zweimal eingespielt. So einen Ehrgeiz habe ich nicht. Ich habe aber auch überhaupt nicht die Arbeitskraft oder die Fähigkeit, das zu tun. Für mich ist dieses Projekt das einzige enzyklopädische in meinem Leben.
Moderatorin:	Sie sprachen eben von Ihrer Arbeitskraft. Beeinträchtigt Sie Ihr Morbus Crohn?
Herr Gerhaher:	Die Krankheit war früher viel schlimmer. Jetzt habe ich sie einigermaßen im Griff. Aber mit fast 50 ist man als Sänger vielleicht überhaupt nicht mehr so leistungsfähig. Mit zunehmender Erfahrung wird die Vorstellung von dem, was man aussagen möchte, immer präziser. Aber die physiologischen Möglichkeiten, das umzusetzen, gehen damit nicht unbedingt konform.
Moderatorin:	Geht es bei diesen Veränderungen auch um körperliche Kraft? Fordert Sie Oper mehr als Lied?
Herr Gerhaher:	Schwer zu sagen. Es ist jedenfalls nicht primär eine Frage der Lautstärke — im Lied darf man ja auch nicht nur in leiser Stimme singen. Das Problem bei der Oper ist nicht nur der oft besonders große Saal mit seiner enormen Tiefe, sondern man singt hinter einem Portal. Das braucht eine andere die Stimmgebung. Es kommt immer wieder vor, dass ich mich anstrenge und in die Maske singe. Das ist gefährlich. Denn dann kann die Stimme farblich, dynamisch und ausdrucksmäßig eindimensional werden. Sie wird hell...
Moderatorin:	Haben Sie eigentlich Lampenfieber?
Herr Gerhaher:	Ja, habe ich.
Moderatorin:	Wie gehen Sie damit um?
Herr Gerhaher:	Oft relativ hilflos. Ich versuche, mit Ritualen zu leben und so eine Reproduzierbarkeit und Routine zu erzwingen.
Moderatorin:	Gehören Sie zu denen, die mit dem ersten Ton auf der Bühne die Nervosität verlieren?

Herr Gerhaher:	Überhaupt nicht. Wie oft habe ich das erlebt, dass ich von Ton zu Ton und von Lied zu Lied leide, weil's so schrecklich ist. Es wird dann oft sogar schlimmer und schlimmer. Das empfinde ich schon als eine existenziell bedrohliche Situation.
Moderatorin:	Hilft es, sich die Abläufe bewusst zu machen?
Herr Gerhaher:	Nein. Während des Studiums konnte ich mal alle Muskeln benennen, die an der Phonation beteiligt sind. Aber es ist so rätselhaft, wie die Gewichtung des Zusammenspiels ist. Physische Kontrolle über das haben zu wollen, was man ausdrücken möchte, wäre doch völlig vermessen. Also Singen ist der Versuch, eine Idee sinnlich zu begreifen. Wenn das gelingt, dann ist es so schön, wie dieser Satz klingt: „Das reimt sich, und was sich reimt, ist wahr", sagt der Pumuckl.
Moderatorin:	Herzlichen Dank für das interessante Gespräch.

Hören Teil 4

Herzlich willkommen, meine Damen und Herren, zu meinem Vortrag „Kunst und Kultur in den Zwanzigern". Mein Name ist Dirk Hanselmann.

Die Zwanzigerjahre wurden wegen der blühenden und schillernden Kunst- und Kulturszene auch die „Goldenen Zwanziger" genannt. „Golden" waren diese Jahre jedoch nur für einen relativ kleinen Personenkreis und nur in der Mitte der Zwanzigerjahre der Weimarer Republik. Doch große Teile der Bevölkerung lebten in ärmlichen Verhältnissen und mussten sich um ein ausreichendes Auskommen sorgen. In Malerei, Literatur, Architektur, Theater, Kino, Sport und Musik tat sich ein Spannungsfeld auf, das von der Sozialkritik bis zur puren Lust am Vergnügen reichte. Mit der 1929 eintretenden Weltwirtschaftskrise endete die Partystimmung sehr plötzlich, und die Themen in Kunst und Kultur wurden zunehmend politisch und beschrieben die Not und das soziale Elend der Bevölkerung.

Prägend für die Kunst der Nachkriegszeit waren die avantgardistischen Stilrichtungen, z.B. Expressionismus, Dadaismus und Surrealismus. Ihre Vertreter, etwa Max Ernst oder Paul Klee, fanden beim Publikum großen Anklang, weil sie als Protest einer jungen Generation gegen Selbstentfremdung und den Verlust der Humanität verstanden wurden. Andere Maler wie Otto Dix, Max Beckmann oder Georg Grosz schufen- beeinflusst von der Massenkultur und den neuen technischen Medien, Film und Hörfunk- Gemälde, die ein nüchternes Bild von der Bewältigung des Alltags malten. Sie prägten mit ihrer „neuen Sachlichkeit" besonders die zweite Hälfte der Zwanzigerjahre.

Auch in Architektur und Design fand die „neue Sachlichkeit" Eingang und drückte sich durch einfache gerade Formen aus, die Schönheit und Funktionalität miteinander verbanden. Stilprägend wurde hier die von Walter Gropius 1919 in Weimar gegründete Hochschule für Gestaltung, das sogenannte „Bauhaus", in dem viele berühmte Maler und Designer lehrten und arbeiteten. Im Bauhaus sollten Architektur, Malerei, Design und handwerkliche Kunst zusammengeführt werden. 1925 musste das Bauhaus nach Dessau, der Hauptstadt des Landes Anhalt, umziehen, weil die bürgerliche Regierung in Thüringen dem Projekt die staatliche Unterstützung entzogen hatte.

Auch die deutsche Literatur der Zwanzigerjahre erreichte Weltniveau. Thomas Mann erregte 1924 mit dem „Zauberberg" großes Aufsehen und erhielt 1929 den Nobelpreis für Literatur. Auch der „Steppenwolf" von Hermann Hesse und Erich Maria Remarques „Im Westen nichts Neues" wurden weltweit gelesen. Die Liste der bedeutenden Autoren dieser Epoche ist lang, Franz Kafka, Arnold Zweig, Anna Seghers usw.

Die Journalisten Egon Erwin Kisch („Der rasende Reporter"), Kurt Tucholsky und Carl von Ossietzky (Zeitung „Die Weltbühne") schrieben packende und anspruchsvolle Reportagen zu sozialen und politischen Themen. Die Presse nahm eine Spitzenposition unter den Medien ein. 1928 erschienen über 3.350 verschiedene Tageszeitungen, heutzutage gibt es in Deutschland „nur" etwa 360 Tageszeitungen.

Nun komme ich zum Theater in dieser Epoche...

Einheit 6

Hören Teil 3

Moderatorin:	Liebe Hörerinnen und Hörer, ich heiße Sie recht herzlich willkommen zu unserer zweiten Sendung zum Thema „Digitale Medien in der heutigen Zeit". Heute soll uns die Frage interessieren, ob Computerspiele Jugendliche gewalttätig machen. Zu dieser Diskussionsrunde begrüße ich Kriminalforscher Herrn Pfeiffer.
Herr Pfeiffer:	Guten Tag!
Moderatorin:	Und Herrn Prof. Aufenanger, Dekan des Fachbereichs Sozialwissenschaften, Medien und Sport der Universität Mainz.
Herr Aufenanger:	Guten Tag!
Moderatorin:	Herr Pfeiffer, was denken Sie? Machen gewalthaltige Computerspiele Jugendliche gewalttätig?

Herr Pfeiffer:	Man wird nicht zum Gewalttäter, weil man ein brutales Computerspiel gespielt hat. Aber, was Forscher zweifelsfrei aufzeigen können, ist: Das Spielen von gewalthaltigen Spielen erhöht bei Gefährdeten, die ohnehin schon auf dem Weg Richtung Gewalt sind, das Risiko, dass sie tatsächlich gewalttätig werden. Die Längsschnittstudien zeigen: Es führt zu Empathieverlusten und erhöht das Risiko. Es gibt einen eindeutigen Verstärkungseffekt.
Herr Aufenanger:	Das ist aber weniger eine Kausalität. Die Hypothese ist eine Selektionshypothese: Diejenigen, die aggressiv sind, wählen dann auch die entsprechenden Computerspiele. Es gibt auch derzeit eine Analyse von zwei Arbeitsgruppen, die versuchen, nachzuweisen, ob es einen hohen Effekt gibt oder eben schwache Effekte, wenn man nicht nur einen, sondern mehrere Faktoren berücksichtigt. Und der Trend ist offensichtlich: Je komplexer das Design einer Studie ist, je vielfältiger die Faktoren, die man berücksichtigt, desto niedriger sind die Deutlichkeiten. Wenn man auf wenige Faktoren reduziert, sieht man klarer, ob es wirklich Kausalität miteinander haben. Herr Pfeiffer, Sie sind da in der Vergangenheit bei der Frage der Kausalität vielleicht missverstanden worden.
Moderatorin:	Herr Pfeiffer, Sie sind sich also einig, dass es keine Kausalität zwischen gewalthaltigen Spielen und gewalttätigem Verhalten gibt. Ist das richtig?
Herr Pfeiffer:	Keine Alleinkausalität, sondern einen Verstärkungsfaktor. Es erhöht das Risiko von Gewalt.
Herr Aufenanger:	Die Wahrscheinlichkeit steigt, ein Risikoverhalten zu zeigen. Zur Frage der Kausalität: Ich kann mich erinnern, dass ein Kollege mal zu Ihnen kam, Herr Pfeiffer, und sagte: „Mein Sohn will einen Fernseher haben." Sie haben geantwortet: „Dann gibt es schlechte Noten." Diese Kausalität mit prognostischem Charakter würde ich bestreiten.
Moderatorin:	Solche Spiele sind innerhalb der deutschen Gesellschaft ja immens verbreitet, und zwar in wachsendem Maß. Erleben wir denn auch einen Anstieg der Jugendgewalt?

Herr Pfeiffer:	Nein, Gott sei Dank nicht, weil andere Belastungsfaktoren deutlich sinken, wie etwa die häusliche Gewalt. Mediale Gewalt verstärkt nur bei Gefährdeten das Risiko. Gefährdet sind Kinder, die geprügelt werden. Wir haben aber eine deutliche Abnahme des Prügelns von Kindern. Das hat mit früheren Scheidungen zu tun, aber auch mit dem Gewaltschutzgesetz, mit der Polizei, die früher und effektiver einschreitet, mit Information der Öffentlichkeit. Die Bedingungen des Aufwachsens sind eindeutig konstruktiver als früher. Das große Problem sind die wachsenden Armutsbelastungen. Da könnte die Ganztagsschule vieles retten. Bildung als Ausgleich von Armut funktioniert bei vielen Gruppen besser als vor zehn Jahren. Das sind die Gründe, warum die Jugendgewalt nicht mehr steigt und in vielen Gebieten sogar rückläufig ist.
Herr Aufenanger:	Genau. Gewalthaltige Medien sind da nur ein Faktor unter vielen: falsche Freunde, Gewalt in der Familie, Bildungsnachteile, Alkohol, Schulschwänzen und so weiter.
Moderatorin:	Soweit ein erster Einblick in das Phänomen. Unsere Diskussion geht weiter in unserem Chat...

Hören Teil 4

Herzlich willkommen, meine Damen und Herren, zu meinem Vortrag „Mediensucht: Ist das ein Thema?". Mein Name ist Paula Bonitz.

Heutzutage sind die sozialen Medien und die Spiele meist immer dabei, eine Trennung von „online" und „offline" wird immer schwieriger. Das Thema Mediensucht ist aktueller denn je. In Deutschland sind über 600.000 Jugendliche davon betroffen. Aber wann muss man sich tatsächlich Sorgen machen, und was kann man tun, um vorzubeugen?

Besonders von Mediensucht gefährdet sind laut Studie unter anderem schüchterne Menschen mit Bedürfnis nach sozialer Interaktion, stressanfällige Menschen, Menschen mit persönlichen Problemen, die sie nicht anders bewältigen können. Es ist nicht ungewöhnlich, dass Jugendliche, die unter sozialem Stress stehen, vorübergehend eine Sucht oder ein suchtähnliches Verhalten entwickeln.

Dabei kann ein Phänomen namens „FOMO" eine wichtige Rolle spielen. Die „Fear Of Missing Out", die Angst, etwas zu verpassen, sorgt dafür, dass regelmäßig kontrolliert werden muss, ob es etwas Neues gibt. Die Folge ist ein Bewusstseinsverlust für die Dauer der eigenen Handynutzung, da man immer und immer wieder „nur mal kurz" zum Smartphone greift. Die Gründe für dieses Verhalten liegen in der menschlichen Natur. Spiele und Netzwerke bieten

Belohnungen an, die das Selbstwertgefühl vorübergehend verbessern können. Man lernt, sein Handy immer wieder zu kontrollieren, um Belohnungen zu bekommen. Das ist zunächst nicht problematisch. Doch wenn Personen und Verantwortlichkeiten im Offline-Leben vernachlässigt werden, beginnt oft ein selbstverstärkender Kreislauf: Wer Kontakt zu Freunden verliert und schlechter in der Gesellschaft wird, flüchtet sich noch lieber ins Netz. Mit mehr Zeit dort kann man das eigene Image pflegen und fühlt sich wohler. Das bewirkt, dass noch weniger Zeit ins Offline-Leben investiert wird und so weiter.

Doch woran kann man erkennen, ob jemand süchtig ist? Viele Faktoren müssen zusammenkommen, damit tatsächlich von einer Sucht gesprochen werden kann. „Der sitzt ständig vorm Rechner" oder „Sie kann das Smartphone gar nicht mehr aus der Hand legen" gelten nicht als alleinige Kriterien, die eine Mediensucht ausmachen. Zu Faktoren, die dauerhaft eintreffen müssen, zählen unter anderem: Vernachlässigung von privaten und gesellschaftlichen Verantwortungen, negative Konsequenzen für private Beziehungen sowie körperliche Einschränkungen wie Haltungsschäden aufgrund von Bewegungsmangel.

Also was kann man gegen Onlinesucht tun, meine Damen und Herren? Ein wichtiger Schritt zur Bewusstmachung des Konsums kann ein Nutzungstagebuch sein, das entweder manuell oder automatisch und digital die Nutzungszeiten aufzeichnet.

Möchte man seinen Medienkonsum einschränken, ist es wichtig, für die Nutzung einen Rahmen zu schaffen. Dies kann zum Beispiel mithilfe von vereinbarten oder selbst festgelegten Nutzungszeiten pro Woche und Tag geschehen. Vor allem aber sollte man auf gerichtete Nutzung achten: Man nimmt sich etwas vor, wie z.B. bestimmte Videos zu schauen, im Spiel das nächste Level zu erreichen oder ein Video zu schneiden. Hat man seine geplanten Aktivitäten erledigt, kann man leichter auch wieder mit der Mediennutzung aufhören.

Der Begriff „Sucht" wird schnell in den Mund genommen und führt zu Verunsicherung bei Mediennutzern jeden Alters. Ob tatsächlich eine Sucht vorliegt, ist nicht leicht zu bestimmen. Fest steht: Sobald die exzessive Mediennutzung das Leben beeinträchtigt, sollte sachlich und überlegt eingegriffen werden.

Herzlichen Dank für die Aufmerksamkeit, meine Damen und Herren.

Einheit 7

Hören Teil 1

Aufgabe 1 und 2

Mann: Guten Tag.

Frau: Guten Tag. Erkältungssaft in der grünen Flasche.

Mann: Für Sie oder für den Nachwuchs?

Frau: Das wird für meinen Sohn sein.

Mann: Sie sagen, der Erkältungssaft in der grünen Flasche. Suchen Sie da was Bestimmtes?

Frau: Ja, wobei mir der Name leider nicht einfällt. Ich habe von einer Freundin Infos bekommen.

Mann: Gut, dann habe ich schon Idee, was das sein könnte. Das ist ja Saft gegen Fieber und Schmerzen. Passt das?

Frau: Ja, wobei ich ihm gegen Schmerzen schon Paracetamolzöpfchen gebe.

Mann: Ah, der Saft, den ich denke, hätte auch Paracetamol drin, das wäre vielleicht ein bisschen zu viel. Paracetamol kann man gerade bei Kindern in dem Alter sehr leicht überdosieren. Dann empfehle ich Ihnen einen anderen Arzneistoff auch in Saftform.

Aufgabe 3 und 4

Prospan Hustensaft ist ein pflanzliches Arzneimittel, das zur Linderung des verschleimten Hustens geeignet ist, da der pflanzliche Inhaltsstoff den festsitzenden Schleim löst, die Bronchien entspannt, den Hustenreiz lindert, die Entzündung bekämpft und die verengten Atemwege entspannt und erweitert. Der Prospan Hustensaft ist für Kinder, Kleinkinder und - nach Rücksprache mit dem Arzt - auch für Säuglinge geeignet. Zu Risiken und Nebenwirkungen lesen Sie die Packungsbeilage und fragen Sie Ihren Arzt und Apotheker.

Aufgabe 5 und 6

Mann: Frau Weingarten, wie geht es Ihnen denn?

Frau: Mir geht es nicht so gut.

Mann: Was ist los?

Frau: Ja, wir haben letztes Mal über Medikamentumstellung gesprochen. Ich habe mich beobachtet. Also die Wirkung dieses Medikaments ist nicht befriedigend. Meine Schmerzen sind nicht wirklich besser geworden, bisschen, aber nicht so dass ich im Beruf alles geben kann. Und vor allem die Nebenwirkung. Ich hab ja zugenommen ohne Ende. Es geht irgendwie gar nicht. Können wir was anderes machen?

Mann: Damit kommen Sie nicht zurecht? Haben Sie sich da schon mal informiert? Denken Sie an was ganz Bestimmtes?

Frau: Ich habe ja jetzt zwei rausgesucht. Sie haben letztes Mal auch die Richtung gesagt, wo ich das anschauen kann. Aber ich möchte gern von Ihnen noch wissen, was die Wirkungen sind, weil mit dem Beipackzettel ich nicht ganz zu Gange komme.

Aufgabe 7 und 8

Wer kennt das nicht. Zu lange am PC gesessen, schon zwickt am Rücken. Rückenschmerzen haben sich in letzten Jahren oder Jahrzehnten zu Volkskrankheiten Nr. 1 in Industrienationen gemault. Mittlerweile ist so, dass die Hälfte der Bevölkerung aktuell an Rückenschmerzen leiden. Über 80 der Bevölkerung erleiden mindestens einmal in Ihrem Leben Rückenschmerzen. Bedenklich sollen wir stimmen, dass mittlerweile auch Kinder und Jugendliche vermehrt an Rückenschmerzen leiden und eine Therapie zugeführt werden oder müssen. Es gibt eine Alterserhöhung im Rahmen des Alters von 45 bis 60 Jahren. Ansonsten ist die Verteilung relativ gleichmäßig. Auch Männer und Frauen sind gleich betroffen.

Aufgabe 9 und 10

Mann: Guten Tag Frau Kuhlmann, Sind Sie gerade vom Urlaub zurück? Sie sehen toll aus.

Frau: Guten Tag Herr Stein, nein, ich habe keinen Urlaub gemacht, sondern eine Schlankheitskur, die mir eine Kollegin empfohlen hat. Diese Schlankheits-Kur ist ganz anders. Sie stützt sich auf Ernährung, Therapie und Bewegung, die gemeinsam dafür sorgen, dass man abnimmt und die Grundlage für eine dauerhafte Gesundheit bekommt. Sie ist übrigens auch für Vegetarier und Veganer geeignet. In der Rezeptsammlung sind alle Essensvorschläge vegetarisch gehalten mit Tipps zur Umstellung auf vegan. Man kann also frei wählen und die Rezepte so nachkochen, dass sie zum eigenen Ernährungskonzept passen. Veganer können die Milchprodukte in den Rezepten weglassen und zum Beispiel Milch durch einen Haferdrink ersetzen.

Hören Teil 2

Moderator: Liebe Zuhörerinnen und Zuhörer, herzlich Willkommen zu einer weiteren Ausgabe unserer Sendung „Wissenschaft und Gesellschaft". Heute möchten wir der Frage nachgehen, was medizinisch betrachtet das optimale Körpergewicht ist. Dazu möchte ich sehr herzlich Frau Prof. Sandra Deckert von der Universität Bielefeld begrüßen.

Frau Deckert: Ja, guten Tag!

Moderator:	Laut Robert-Koch-Institut sind in Deutschland nach 2/3 der Männer übergewichtig. Bei den Frauen ist es noch knapp die Hälfte. Besonders alarmierend für die Experten, mittlerweile ist sogar jedes 7. Kind in Deutschland zu dick. Damit steigt auch die Gefahr, als Erwachsener krank zu werden. Frau Deckert, stimmt das so?
Frau Deckert:	Das stimmt. In zahlreichen Studien ist der Zusammenhang zwischen Übergewicht und einem erhöhten Krankheitsrisiko gut belegt, Bluthochdruck, Herzinsuffizienz, Atherosklerose, Krebs und natürlich Diabetes lassen sich z.T. maßgeblich auf Übergewicht zurückführen.
Moderator:	Grundlage für die Übergewichtszahlen ist der Body-Mass-Index. Frau Deckert, wie aussagekräftig ist der sogenannte Body-Mass-Index (BMI)?
Frau Deckert:	Lange Zeit galt er als wichtiger Indikator zur Beurteilung des Körpergewichtes. Er errechnet sich aus dem Gewicht geteilt durch die Größe zum Quadrat. Und demnach ist normalgewichtig, wer im Bereich von 18,5 bis 24,9 liegt. Das Problem, der BMI bezieht lediglich 2 Faktoren in seine Berechnung ein. Und lässt andere links liegen.
Moderator:	Wenn ich Sie richtig verstanden habe, führt das dazu, dass er im Einzelfall ganz schön danebenliegen kann.
Frau Deckert:	Ganz genau. Und erschwerend kommt hinzu, dass Muskeln eine höhere Volumendichte als Fett haben. Ein Kubikzentimeter Muskelgewebe ist rund 12% schwerer als ein Kubikzentimeter Fett. Deswegen sind Formeln, die den Körperbau des Menschen mit einbeziehen, besser geeignet, ein gesundes Gewicht zu definieren. Z.B. wenn die Körpergröße mit dem Taillenumfang verglichen wird. Der gibt nämlich indirekt Aufschluss über Menge und Position von Körperfett.
Moderator:	Fett ist als Energie- und Wärmespeicher für den Menschen unverzichtbar. Es scheint aber entscheidend zu sein, wo es im Körper angesiedelt ist.
Frau Deckert:	Das Unterhautfettgewebe ist der eigentlich dafür vorgesehene Speicherort. Ein bisschen zu viel an Beinen und Po ist gesundheitlich eher unbedenklich. Das betrifft vor allem Frauen, die bis zu Menopause eher zu Birnenform tendieren. Das tiefliegende Fett im Bauchbereich, das in und um die inneren Organe abgelagert wird, gilt dagegen als besonders entzündungsaktiv. Davon sind vor allem die Männer betroffen.
Moderator:	Was hat es dann zur Folge?

Frau Deckert:	Männer neigen bei der Speicherung von Körperfett eher zu Apfelform. Als Richtwert empfehlen Ärzte deshalb durchschnittlich großen Männern einen maximalen Bauchumfang von 102 cm. Bei Frauen liegt die Grenze wegen der allgemeinen geringeren Muskelmasse schon bei 88 cm. Durch eine langfristige Ernährungsumstellung auf gesunde Kost und Sport können wir unser Körperfett reduzieren. Vor allem das schädliche Bauchfett lässt sich wegen seiner hohen Stoffwechselaktivität gut abbauen.
Moderator:	Liebe Frau Prof. Deckert, vielen Dank für Ihre Ausführungen. Vielen Dank auch an die Zuhörerinnen. Fragen beantwortet Frau Prof. Deckert noch in der nächsten Stunde auf unserer Homepage. Bis zum nächsten Mal!

Einheit 8

Hören Teil 3

Moderatorin:	Schön, dass Sie mit dabei sind, hier bei Radio MILA. Heute geht es um die Frage: *Im Home-Office* wegen Corona. Bisher war Home-Office für viele Unternehmen überwiegend ein Mittel der Personalgewinnung und Mitarbeiterzufriedenheit. Durch die Corona-Pandemie ist es zu einer Notwendigkeit geworden. Mein erster Gast ist Andrea Winter, die seit einem Jahr vorwiegend im Home-Office arbeitet.
Frau Winter:	Hallo.
Moderatorin:	Außerdem begrüße ich im Studio Günther Gerhart, der schon seit 2010 im Home-Office arbeitet.
Herr Gerhart:	Ja, guten Tag!
Moderatorin:	Herr Gerhart, wie ist dazu gekommen, dass Sie seit mehr als 10 Jahren im Home-Office arbeiten?
Herr Gerhart:	Weil meine Firma sehr innovativ und fortschrittlich war. Ich konnte zu Hause die Arbeit erledigen. Aber der Anfang war für mich gar nicht leicht. Was mir am meisten fehlte, war der persönliche Austausch mit Kollegen. Ich vereinsamte etwas. Mit der Zeit gab sich das, aber es fehlte doch etwas. Home-Office verlangt viel Selbstdisziplin, um nicht zu verwahrlosen, also nicht im Schlafanzug zu arbeiten oder die Leistung zu vernachlässigen.

Frau Winter: Aber in besonderen Zeiten muss man mit dem Kompromiss Home-Office leben, umgehen und dies ermöglichen, z.B. arbeiten jetzt zahlreiche Menschen in der Pandemie seit Monaten im Home-Office. Aber ich persönlich empfinde das Arbeitsmodell als sehr angenehm. Damit ist die Gefahr zum Infizieren reduziert. Zudem wird auch ein Beitrag für den Umweltschutz geleistet, da einige Kollegen/innen nicht mit dem Auto zum Arbeitsplatz zu fahren brauchen. Ich selbst habe an Home-Officetagen eine Zeitersparnis von mindestens eineinhalb Stunden. Meinem Arbeitgeber bin ich sehr dankbar dafür, dass er so verantwortungsbewusst die Arbeitsbedingungen in der Pandemie angepasst hat, was zum einen schon irgendwie die Erfüllung der Fürsorgepflicht bedeutet.

Moderatorin: Ja. Um die Arbeit Zuhause genauso wie im Büro erledigen zu können, stellen Unternehmen ihren Mitarbeitern dafür häufig VPN-Zugänge, Cloud-Anwendungen oder Collaboration-Tools zur Verfügung.

Frau Winter: Bei mir sind alle Voraussetzungen erfüllt. Ich finde das Konzept gut, ich habe durch meinen Arbeitgeber die Möglichkeit dazu und habe eine moderne Ausstattung an die Hand bekommen, die es braucht, um effektiv Aufgaben von zu Hause zu erledigen oder an Telefonkonferenzen teilzunehmen. Ich bin sehr froh, mit einem solchen Arbeitgeber zu haben, der diese Idee nicht nur erlaubt, sondern auch begrüßt, fördert und technisch ermöglicht. Das einzige, was ich selber bereitstellen muss, ist eine Internetleitung mittlerer Größe.

Herr Gerhart: Und das Platzangebot zu Hause ist auch sehr wichtig. Wir haben zwei Kinder, aber einen freien Raum. Vergessen wird oft, dass auch das Büromaterial einen Platz braucht wie Drucker, Papier, wichtige Dokumente, Büroschrank usw.

Frau Winter: Home-Office ist ein Mittel zur Kontaktbeschränkung, jedoch sollten auch die häuslichen Begebenheiten passen. Sonst wird Home-Office zur Qual.

Moderatorin: Zum Schluss eine Frage an Sie beide: Würden Sie weiter im Home-Office arbeiten, wenn es keine Pandemie gäbe?

Herr Gerhart: Ja. Ich wollte trotzdem auf mein Home-Office nicht verzichten. Ich habe mich anders entwickelt, als wenn ich im Büro gearbeitet hätte. Ich habe intensiven Kontakt mit meinen Kindern, kann flexibler arbeiten, lerne mich gut selbst zu organisieren und wirtschaftlicher zu denken, was dazu führt, dass ich mich später mit meiner Frau mit einem Home-Office selbstständig mache – auch wenn ich dadurch die Aufstiegsmöglichkeiten in der Firma aufgab.

Frau Winter: Ich auch, am besten mit mehr Platz zu Hause.

Moderatorin:	Danke Ihnen beiden für das interessante Gespräch. Was denken Sie, liebe Hörerinnen und Hörer zu unserem Thema? Rufen Sie uns an! Hier unsere Telefonnummer 0900...

Einheit 9

Hören Teil 1

Beispiel

Mann:	Guten Morgen, wie kann ich Ihnen helfen?
Frau:	Guten Tag. Ich möchte gerne ein Konto eröffnen.
Mann:	Es freut mich, dass Sie sich für unser Bankhaus entschieden haben.
Frau:	Ich hätte aber zunächst einige Fragen. Welche Kosten kommen auf mich zu?
Mann:	Nun, das hängt davon ab, für welches unserer Produkte Sie sich entscheiden. Ich empfehle Ihnen ein Standard-Giro-Konto. Dabei fallen monatlich nur 3 Euro 95 Gebühren zur Kontoführung an und die Kontoeröffnung ist derzeit kostenlos. Wenn Sie sich auch für eine Kreditkarte interessieren, zeige ich Ihnen gerne unseren Katalog von Anbietern.
Frau:	Nein danke, eine Kreditkarte brauche ich vorerst nicht.
Mann:	Gut, falls Sie sich später doch noch dafür entscheiden, können wir problemlos eine einrichten.

Aufgabe 1 und 2

Liebe Zuhörerinnen und Zuhörer, gerade erreicht uns eine Eilmeldung der deutschen Presseagentur. Das Bundesamt für Bevölkerungsschutz und Katastrophenhilfe hat eine Überschwemmungswarnung aufgrund von Starkregen in den anliegenden Gebieten der Elbe ausgesprochen. Von touristischen Unternehmungen wird daher in den kommenden Tagen dringend abgeraten. Die Anwohner werden gebeten ihr Eigentum und ihre Häuser zu sichern und gegebenenfalls Wasserpumpanlagen bereitzuhalten. Die örtliche Feuerwehr und Einheiten der Bundeswehr haben bereits Schutzwälle aus Sandsäcken errichtet. Der Wasserhöchststand wird für den kommenden Donnerstag erwartet. Wir halten Sie auf dem Laufenden.

Aufgabe 3 und 4

Telefonieren, chatten und surfen in einem Tarif! – Die Preise sind tief.

Holen Sie sich noch heute Ihre neue Sim-Karte und sichern Sie sich 20 Euro Startguthaben geschenkt! Jetzt die ersten drei Monate für nur 14,99 Euro. Einmalig 69 Euro

Aktivierungsgebühr, dreijährige Vertrags-Bindung. Sparhandy – Günstig wie noch nie!

Aufgabe 5 und 6

Frau: Fair-Air, grüß Gott?

Mann: Guten Tag. Schön, dass ich Sie endlich erreiche. Ich war gerade mehr als 10 Minuten in der Warteschleife!

Frau: Das tut mir sehr leid, unser Callcenter ist heute leider sehr ausgelastet. Wir werden unser Bestes geben, Ihr Anliegen so schnell wie möglich zu bearbeiten. Was kann ich für Sie tun?

Mann: Ich wollte gerade einen Flug buchen, und dann gab es ein Problem bei der Zahlung.

Frau: Dann leite ich Sie sofort zur zuständigen Stelle weiter. Bitte haben Sie einen Moment Geduld.

Aufgabe 7 und 8

Frau: Ach und dann würde ich gerne noch diese Dokumente verschicken.

Mann: Gerne. Sollen Sie als eingeschriebener Brief verschickt werden oder reicht der Standard-Versand? Wenn es besonders eilig ist, können Sie auch eine Eilsendung per Post verschicken. Dafür fallen allerdings hohe Gebühren an.

Frau: Hm, naja, da ist mein originaler Mietvertrag drinnen, das sollte auf keinen Fall verloren gehen... Aber der Standard-Versand ist viel günstiger, nicht wahr?

Mann: Darf ich mal? Aha, nur 30 Gramm. Na dann empfehle ich Ihnen, auf Nummer Sicher zu gehen, das Einschreiben kostet Sie bei dem Gewicht nur 1,40 Euro vierzig mehr.

Aufgabe 9 und 10

Moderatorin: Hallo, hier ist wieder eure Susanne! Wie immer auf der Suche nach Menschen mit außergewöhnlichen Lebenswegen und Wohnsituationen. Heute bin ich zu Besuch bei Steffen, der seit fast drei Jahren in seinem umgebauten VW-Kleinbus lebt und so schon fast ganz Deutschland durchquert hat. Wie bist du dazu gekommen und kannst du so ein Leben auf Rädern empfehlen?

| Mann: | Es hat ganz harmlos angefangen. Ich habe Urlaub in einem VW-Bus von Freunden gemacht und mich einfach in diese minimalistische, aber extrem flexible und mobile Lebensweise verliebt. Ich habe alles verkauft und meinen eigenen VW-Bus angeschafft. Ich kenne jetzt fast jeden Winkel in Deutschland und bin wirklich begeistert! |

Hören Teil 3

Moderator:	Liebe Hörerinnen und Hörer, ich heiße Sie herzlich willkommen zu unserer Sendung zum Thema „Leben im Mehrgenerationenhaus – Welche Vorteile es im Alltag bietet?" Die Familie ist ein wichtiger Bestandteil für viele Menschen. Beziehungen zwischen Familienangehörigen sind in den meisten Fällen die engsten und damit auch längsten. Sie zeichnen sich durch ein besonderes Zusammengehörigkeitsgefühl aus, bieten Unterstützung und Solidarität und begleiten uns ein Leben lang. Heute soll uns die Frage interessieren, welche Vor- und Nachteile das Leben in einem Mehrgenerationenhaus mit sich bringen kann. Zu dieser Diskussionsrunde begrüße ich Frau Freitag, Autorin und Expertin für Familienthemen.
Frau Freitag:	Guten Abend!
Moderator:	Und Herr Weber, der im sogenannten 3-Generationen-Haushalt wohnt.
Herr Weber:	Guten Abend!
Moderator:	Frau Freitag, Sie sind Expertin in diesem Bereich und setzt sich seit langem mit diesem Thema aus. Könnten Sie uns zuerst erklären, was eigentlich mit einem Mehrgenerationenhaus gemeint ist?
Frau Freitag:	Sehr gerne! In einem sogenannten Generationenhaus wohnen Menschen unterschiedlicher Altersgruppen zusammen. Häufig handelt es sich dabei um Eltern, Großeltern und Kinder, die jedoch eigene Wohneinheiten haben. Lediglich Gemeinschaftsbereiche wie Wohnzimmer, Badezimmer, Küche oder Garten werden gemeinsam genutzt. Umsetzungen eines solchen Hauses gibt es viele, sie verfolgen jedoch alle dieselbe Idee: Menschen aller Altersklassen leben gemeinsam unter einem Dach, unterstützen sich im Alltag und teilen sich den vorhandenen Wohnplatz.
Moderator:	Herr Weber, welche Erfahrungen haben Sie denn mit dem Zusammenleben mit anderen Generationen?

Herr Weber: Jeder Mitbewohner eines Mehrgenerationenhauses kann unterschiedliche Vorteile genießen. So können ich und meine Frau beispielsweise darauf vertrauen, dass die Großeltern während unserer Abwesenheit auf die Kinder aufpassen. Meine Eltern profitieren auch davon, dass wir Aufgaben für sie übernehmen, die sie aufgrund ihres Alters nur noch schwer durchführen können.

Moderator: Ihre Kinder können sich außerdem über den Haushalt freuen, in dem sie stets jemanden zum Spielen finden, zudem können sie langfristig den Kontakt zu ihren Großeltern aufbauen und halten, was ansonsten über die Jahre oftmals schwierig wird.

Frau Freitag: Das ist ja tatsächlich so. Die Vorteile sind ganz offensichtlich. Das Leben in einem Mehrgenerationenhaus ermöglicht es, die ganze Familie unter ein Dach zu bringen. Gleichzeitig bleibt die Eigenständigkeit aller Mitbewohner aber vollständig erhalten – wer also alleine sein möchte, der kann sich zurückziehen, wer hingegen gemeinsame Zeit verbringen möchte, der findet stets einen Ansprechpartner.

Moderator: Wir haben eben viel über die Schokoladenseiten des Zusammenlebens geredet. Herr Weber, gibt es im Alltag so etwas, was Sie gestört hat oder immer noch stört?

Herr Weber: Ja, Unumgänglich ist es meist, dass es zu Konflikten kommt. Denn hier treffen Menschen verschiedener Altersklassen und Anschauungen aufeinander. Problematisch kann es insbesondere bei der Kindererziehung oder der Aufteilung der Aufgaben geben. Schwierig wird es darüber hinaus, geeignete Räumlichkeiten zu finden und diese fair aufzuteilen.

Frau Freitag: An dieser Stelle könnte ich Ihnen wahrscheinlich einige Tipps geben. Zu Ihrem ersten Problem ist es also umso wichtiger, dass sich alle Mitbewohner darüber im Klaren sind, welche Pflichten und Rechte sie im Haushalt haben. Was die Räumlichkeiten betrifft, beschäftigen sich tatsächlich mit dieser Frage bereits vermehrt Architekten und staatliche Institute, die sich auf die Umsetzung von Generationenhäusern spezialisiert haben. Ein zentraler Aspekt hierbei ist beispielsweise die Barrierefreiheit, aber auch genügend Platz und eine gute Lage sind wichtig.

Moderator: Danke für die Tipps! Auf jeden Fall sollen wir ruhig bleiben und gemeinsam an einem Strang ziehen, damit ein entspanntes Familienleben ohne Stress dauerhaft gelingt. Unsere Sendezeit ist leider um. Sie können aber mit unseren Gästen nun weiter chatten...

Einheit 10

Hören Teil 3

Moderatorin:	Schön, dass Sie eingeschaltet haben bei Pro und Contra. Heute geht es um das Thema Fleischkonsum. Essen wir zu viel Fleisch? Schädigen wir dadurch das Klima? Vergessen wir dabei das Wohl der Tiere? Auch die schlechten Arbeitsbedingungen stehen immer wieder im Mittelpunkt der Diskussion. Welche Erfahrungen haben Sie, liebe Zuhörerinnen und Zuhörer, mit diesem Thema gemacht? Mein erster Studiogast ist Lukas Zimmer. Er macht momentan eine Ausbildung zum Mediendesigner.
Herr Zimmer:	Hallo.
Moderatorin:	Hallo, Herr Zimmer. Sie möchten uns gerne von einem Erlebnis berichten.
Herr Zimmer:	Genau, vorgestern war ich im Supermarkt. Ich wollte nämlich eine Bolognese kochen und hatte nicht alle Zutaten da. Eigentlich esse ich fast nie Fleisch, ich lege viel Wert auf vegetarische Ernährung. Aber alle paar Monate habe ich dann doch Lust drauf. Als ich dann zur Fleischtheke gegangen bin, war ich total erschrocken über die Preise.
Moderatorin:	Warum das?
Herr Zimmer:	Na, das Hackfleisch war günstiger als das Obst, das ich gekauft habe!
Moderatorin:	Da waren Sie verständlicherweise geschockt. Die Preisentwicklung ist wirklich beunruhigend. Haben Sie es dennoch gekauft?
Herr Zimmer:	Ja, im Nachhinein habe ich mich aber geärgert. Kein Wunder, dass in der Fleischbranche so katastrophale Bedingungen herrschen. Die nächste Zeit werde ich kein Fleisch mehr essen.
Moderatorin:	Das sind richtige Dumpingpreise, muss ich zugeben. Nun möchte ich gerne meinen zweiten Studiogast begrüßen: Petra Freitag. Frau Freitag, Sie sind Rentnerin und nehmen sich gerne viel Zeit für Ihre Enkelkinder. Die haben das Glück, dass sie oft von Ihnen bekocht werden. Stimmt's?
Frau Freitag:	Genauso ist es. Meine Enkel besuchen mich bestimmt dreimal pro Woche, vielleicht auch weil sie wissen, dass ich immer etwas Leckeres für sie zubereite.
Moderatorin:	Mmmh, ja so eine Großmutter wünschen wir uns doch alle. Frau Freitag, Herr Zimmer hat ja gerade erwähnt, dass Fleisch so unheimlich günstig ist. Ist Ihnen das auch aufgefallen?

Frau Freitag:	Also, wenn ich ehrlich bin, bin ich froh darüber. Wissen Sie, meine Enkelkinder essen zu Hause gar kein Fleisch, da meine Schwiegertochter Vegetarierin ist. Daher gibt es bei mir eigentlich fast immer Fleisch. Natürlich auch immer mit viel frischem Gemüse.
Moderatorin:	Das heißt, Sie wären nicht damit einverstanden, dass die Politik die Fleischpreise erhöht, damit Klimaschutz, Tierwohl und bessere Arbeitsbedingungen in der Lebensmittelindustrie gewährleistet werden können? Ich persönlich halte das nämlich für einen wichtigen Schritt.
Frau Freitag:	Wissen Sie, das ist ein schwieriges Thema. Einerseits verstehe ich ja das Problem. Andererseits bin ich Rentnerin, habe nicht viel Geld und könnte mir teureres Fleisch nicht leisten. Zudem glaube ich nicht, dass höhere Fleischpreise einen großen Effekt hätten.
Moderatorin:	Ach nein?
Frau Freitag:	Nein, ich denke, dass daran lediglich der Staat profitieren würde und das Geld anderweitig ausgegeben wird.
Moderatorin:	Herr Zimmer, wie sehen Sie das?
Herr Zimmer:	Ich kann Frau Freitag sehr gut verstehen. Ich bin auch etwas skeptisch, ob höhere Preise auf Fleischprodukte wirklich etwas bewirken. Und natürlich müssen wir auch auf die Menschen schauen, die sich die höheren Preise nicht leisten können. Diese Menschen dürfen keinen Nachteil daraus ziehen. Schwieriges Thema... Naja, andererseits muss man irgendwo anfangen. So wie es jetzt ist, kann es nicht weitergehen.
Moderatorin:	Herr Zimmer, Sie haben ja schon Ihre persönliche Konsequenz gezogen und möchten zukünftig erst mal auf Fleisch verzichten.
Herr Zimmer:	Genau, vielleicht schaffe ich es ja sogar, mich ganz vegetarisch zu ernähren. Wer weiß...
Moderatorin:	Frau Freitag, können Sie sich vorstellen, auf Fleisch zu verzichten?
Frau Freitag:	In meinem Alter ist das schwierig. Wenn Sie das ganze Leben lang die gleichen Gerichte gekocht haben und die gleichen Produkte im Supermarkt gekauft haben, ist es gar nicht leicht, sich auf einmal umzustellen. Ich muss sagen, dafür bin ich vermutlich zu alt.
Moderatorin:	Vielen Dank an Sie beide für die interessanten Einblicke in Ihren Alltag. Ich wünsche Ihnen alles Gute für die Zukunft. Liebe Zuhörerinnen und Zuhörer, wenn Sie uns auch etwas zu unserem heutigen Thema erzählen möchten, rufen Sie an unter der 0180...

Einheit 11

Hören Teil 2

Moderator:	In unserer heutigen Sendung begrüße ich Frau Dr. Florian Tremmel aus dem Bereich Medienwissenschaft. Frau Tremmel, wie unterstützen und erleichtern digitale Technologien unseren Alltag?
Frau Tremmel:	Unser Alltag ist heute von digitalen Medien geprägt. Das schlägt sich in vielen Lebensbereichen nieder. Ein Teil der Digitalisierung erlebt man bei der Vernetzung von Unterhaltungstechnik. Neue Entwicklungen nehmen verstärkt den Haushalt und die bisher noch einzeln agierenden Gerätschaften in den Blick. Und zukünftig werden auch verstärkt Haushalte pflegebedürftiger Menschen mit smarten technischen Assistenzsystemen ausgestattet sein.
Moderator:	Was versteht man unter dem Begriff „Digitalisierung"?
Frau Tremmel:	Stellt man sich vor, alle Menschen in einem Raum sprechen die gleiche Sprache, dann können sich Personen problemlos austauschen und miteinander in Kontakt treten, Gemeinsamkeiten entdecken und Aufgaben zusammen erledigen. Wären die Menschen nun technische Geräte, dann wäre dies Digitalisierung.
Moderator:	Sie haben eben vernetzte Unterhaltungstechnik angesprochen. Könnten Sie dafür Beispiele aufführen?
Frau Tremmel:	Nehmen wir das heutige Wohnzimmer als Beispiel. Musik wird über mobile Endgeräte wie Tablets und Smartphones unter Zuhilfenahme sogenannter Streaming-Dienste vermehrt direkt über das Internet abgespielt und auf die heimische Anlage übertragen. Ebenso schaut man verpasste TV-Sendungen über Online-Mediatheken über eine Internetverbindung am Fernseher an. Dabei sieht man, dass verschiedene Geräte und Medien durch die Digitalisierung gelernt haben, miteinander zu „sprechen" und sich auszutauschen.
Moderator:	Man hört auch schon oft von „Smart Home". Was gehört dazu?
Frau Tremmel:	Zum intelligenten Zuhause gehört neben der Steuerungsmöglichkeiten der Heizung, Fenster und Rollläden auch die Möglichkeit, mittels Bewegungssensoren und Webcams die Wohnung zu überwachen. Registriert ein Sensor eine Bewegung bei Abwesenheit der Besitzer, wird eine warnende SMS an deren Smartphone verschickt. Eine weitere Anwendung ist die Überprüfung des Stromverbrauchs. Eine App zeigt an, wie viel Strom aktuell im Haushalt verbraucht wird.
Moderator:	Das hört sich voll interessant an. Wie helfen technische Assistenzsysteme pflegebedürftigen Menschen?

Frau Tremmel:	Für ältere Menschen ist es bei zunehmender Krankheit oft schwierig, alleine zu Hause zu leben. Mögliche Gründe hierfür sind beispielsweise die Gefahr von Stürzen, die rechtzeitige Einnahme von Medikamenten und die fehlende Reaktionsmöglichkeit von Ärzten bei Notfällen. An diesen Stellen setzen moderne technische Assistenzlösungen an. Smarte Medikationshilfen erinnern z.B. an die Einnahme von Medizin, und auch Vitalwerte können mithilfe intelligenter Technik wie Pulsmessern überwacht und bei Problemen direkt an den Arzt kommuniziert werden.
Moderator:	Wie verändert diese Technik den Menschen?
Frau Tremmel:	Man muss zum einen den Umgang mit neuer Technik erlernen und die Folgen des Technikeinsatzes verstehen. Zum anderen stellen technische Veränderungen den Menschen auch vor soziale Fragen. Beim Einsatz von technischen Assistenzsystemen im Bereich der Pflege wird dies besonders deutlich, denn welche Rolle nehmen technische Systeme ein? Wird hierdurch der zwischenmenschliche Kontakt durch technische Hilfsmittel ersetzt oder bilden diese Systeme den Kern eines langen und möglichst selbstständigen Lebens zu Hause? Sicherlich ist diese Frage nicht vollständig zu beantworten, jedoch sollte sie immer wieder im Kontext der Nutzung von technischen Möglichkeiten gestellt werden.
Moderator:	Frau Tremmel, ich danke Ihnen für dieses Gespräch.
Frau Tremmel:	Gerne.

Hören Teil 4

Sehr geehrte Damen und Herren, herzlich willkommen zu meinem heutigen Vortrag „Künstliche Intelligenz – ein Überblick".

Das Forschungsgebiet „Künstliche Intelligenz" (KI) versucht, menschliche Wahrnehmung und menschliches Handeln durch Maschinen nachzubilden. Was einmal als Wissenschaft der Computer-Programmierung begann, hat sich mehr und mehr zur Erforschung des menschlichen Denkens entwickelt. Denn nach Jahrzehnten der Forschung hat man die Unmöglichkeit erkannt, eine „denkende" Maschine zu erschaffen, ohne zuvor das menschliche Denken selbst erforscht und verstanden zu haben. Deshalb gibt es zum Teil große Überschneidungen zwischen KI-Forschung und Neurologie beziehungsweise Psychologie.

Bis heute ist es nicht einmal annähernd gelungen, menschliche Verstandesleistungen als Ganzes mit Maschinen nachzuvollziehen. Ein großes Hindernis ist die Sprachverarbeitung. Auch die Durchführung einfachster Befehle ist für eine Maschine ein hoch komplexer Vorgang.

Die Forschung konzentriert sich deshalb zunehmend auf einzelne Teilbereiche, unter anderem mit dem Ziel, dort Arbeitserleichterungen zu schaffen. Dazu ist ein ständiger Austausch zwischen Wissenschaftlern verschiedenster Disziplinen, also Kognitionswissenschaft, Psychologie, Neurologie, Philosophie und Sprachwissenschaft, notwendig.

Viele Wissenschaftler unterscheiden zwischen starker und schwacher KI. Schwache KI deckt nur Teilbereiche der Intelligenz ab. Sie basiert meist auf Methoden der Mathematik und Informatik und kommt beispielsweise in Navigationssystemen und bei der Spracherkennung zum Einsatz. Starke KI beinhaltet logisches Denken, Planung, Kommunikation, das Treffen eigenständiger, komplexer Entscheidungen. Viele Forscher bezweifeln, dass diese jemals existieren wird. Und selbst wenn es gelänge, ergäben sich viele ethische Fragen: Welche Entscheidungen kann man einer künstlichen Intelligenz überlassen, die über keine Moral und kein Bewusstsein für Recht, Unrecht und vor allem für Zwischentöne besitzt?

Doch ab wann gilt eine Maschine als intelligent? Ein allgemein akzeptiertes Messwerkzeug hierbei ist der sogenannte Turing-Test: Ein Mensch kommuniziert über längere Zeit parallel mit einem anderen Menschen und einer Maschine ohne Sicht- oder Hörkontakt – etwa über ein Chat-Programm. Wenn der Tester nach der Unterhaltung nicht mit Bestimmtheit sagen kann, welcher der Gesprächspartner ein Mensch und welcher eine Maschine ist, hat die Maschine den Test bestanden und darf als intelligent gelten.

Die Einsatzgebiete Künstlicher Intelligenz sind äußerst vielfältig. Oft sind sie uns nicht einmal bewusst. Am erfolgreichsten ist ihr Einsatz in kleinen Teilbereichen wie der Medizin: Roboter führen bestimmte Operationsabschnitte - etwa im Tausendstel-Millimeter-Bereich – wesentlich präziser durch als ein Chirurg.

In Produktionsstraßen, besonders in der Automobilindustrie, ersetzen Roboter eine Unzahl menschlicher Handgriffe. Vor allem bei gesundheitsschädlichen, unfallträchtigen Aufgaben, wie zum Beispiel beim Lackieren oder Schweißen, sind Roboterarme, wie sie bereits in den 1960er Jahren bei General Motors eingesetzt wurden, nicht mehr wegzudenken.

Klassischer Anwendungsbereich für Künstliche Intelligenz sind Spiele, insbesondere Brettspiele wie Dame und Schach. Längst haben programmierbare und lernfähige Spielzeuge, Mini-Roboter und Computerprogramme das Kinderzimmer erobert.

Das legendäre Tamagotchi gehört zwar schon zum alten Eisen, dafür drängen andere künstliche Gefährten wie Roboter-Hunde, sprechende Dinos oder Puppen auf den Markt, mit denen man durch einfache Gesten oder Sprache kommunizieren kann und die bestimmten Aufgaben ausführen.

Damit bin ich am Ende meines Vortrags. Ich hoffe, dass Sie einen kurzen Überblick über das

Thema bekommen haben. Vielen Dank für Ihre Aufmerksamkeit.

Einheit 12

Hören Teil1

Aufgabe 1 und 2

Mann: Wie war dein Wochenende in Berlin?

Frau: Ach, ein sonst perfektes Erlebnis, wenn ich nicht die 60 Euro für das sogenannte „erhöhte Beförderungsentgelt" bezahlt hätte.

Mann: Mensch, bist du schwarzgefahren?

Frau: Na ja, kann man wohl sagen. Ich habe die Tageskarte vorm Einsteigen in die U-Bahn nicht entwertet, und das bedeutet 60 Euro Strafe! So was wusste ich vorher bloß nicht, denn in Hamburg habe ich bisher nur eine Monatskarte benutzt. Für mich ist das Entwerten eine völlig neue Sache.

Mann: Verstehe. Das ist sogar von Ort zu Ort unterschiedlich. In Hamburg ist es nicht nötig, da steht bereits ein Datum drauf.

Aufgabe 3 und 4

Journalist: Kosmetik aus Deutschland wird auf der Welt immer populärer. Sowohl Stars als auch „normale" Menschen kaufen sich die „G. Beauty". Besonders populär ist dabei die traditionelle Naturkosmetik. Ein Beispiel ist Weleda. Die Firma verkauft nicht nur pflanzliche Kosmetik, sondern auch anthroposophische Arzneimittel. Die Marke ist seit gut 80 Jahren in den USA. Doch eine lange Zeit war sie unbekannt. Erst in den letzten drei Jahren ist die Firma stark gewachsen. Damit verbunden sind natürlich die signifikant steigenden Verkaufszahlen. Der Grund: Naturkosmetik ist Vertrauenssache. „Made in Germany" hat in den USA einen guten Ruf und steht für sehr hohe Qualitätsstandards. Viele US-Amerikaner wissen: Die Kontrolle in Europa, dabei auch Deutschland sind sehr genau.

Aufgabe 5 und 6

Mann: Bald ist wieder Weihnachten! Hast du schon Ideen für Geschenke?

Frau :   Na ja, dieses Jahr würde ich meiner Familie einfach Gutscheine kaufen. Die Kleinen bekommen wie immer die Sachen auf ihren Wunschzetteln.

Mann: Gutscheine? Findest du das nicht unpersönlich?

Frau : Ach. Natürlich kaufe ich nicht willkürlich etwas. Meine Mutter zum Beispiel freut sich immer über Wellnesstage. Da wäre ein Wellnessgutschein genau das richtige für sie. Und ein anderer Vorteil: Gutscheine passen in einen Briefumschlag. Das ist schon sehr wichtig, denn die Geschenke für Kinder brauchen schließlich genug Platz unter dem Weihnachtsbaum.

Aufgabe 7 und 8

Student : Ich war schon auf ein paar Webseiten von Sprachschulen. Leider konnte ich schwer einschätzen, welche wirklich gut ist.

Studentin: Die Website einer Sprachschule sagt schon viel über sich. Gute Schulen bieten immer transparente Informationen über Kurse und Preise an. Auch Online-Bewertungen können ein guter Indikator sein. Wenn dort aber alles toll ist, ist es komisch.

Student : Stimmt, es muss immer Leute geben, die mit etwas unzufrieden sind.

Studentin: Ja, genau. Manche Schulen wurden zum Beispiel niedriger eingestuft, als sie es wollten. Aber Kritik kann auch ein Qualitätskritskriterium sein, man sollte dann auf die Begründung und die Entgegnung der Sprachschule achten.

Student : Stimmt, daraus erfährt man sicher mehr als durch unkommentierte Bewertungen mit Sternen.

Aufgabe 9 und 10

Reporter: Frau Hufeisen, was würden Sie als Sprachexpertin vorschlagen, wenn unsere ausländischen Mitbürger trotz weniger Zeit Deutsch lernen möchten?

Frau Hufeisen: Wenn man wenig Zeit hat, sollte man die verfügbaren Minuten und Stunden gut nutzen. Wichtig ist dabei, die Deutschlernzeit nicht zusammenhängend auf einen Tag zu legen. Wenn man pro Woche zum Beispiel nur dreieinhalb Stunden Zeit hat, ist es viel besser, jeden Tag eine halbe Stunde lang zu üben. Das ist zeitlich genau das Gleiche, aber es ist viel nachhaltiger. Das hilft gegen Vergesslichkeit, macht das Lernen weniger anstrengend und motivierend.

Hören Teil 4

Sehr geehrte Damen und Herren, herzlich willkommen zu meinem heutigen Vortrag „Förderung der Mehrsprachigkeit".

In Deutschland hat Mehrsprachigkeit viele Gesichter: Ein Mädchen, mit dem die Mutter Deutsch, der Vater Griechisch spricht. Ein Junge, der in einer türkischsprachigen Familie in Deutschland aufwächst. Oder das deutschsprachig sozialisierte Kind, das im bilingualen Kindergarten Französisch lernt. Sie alle können sich in mehreren Sprachen verständigen. Doch Mehrsprachigkeit muss einem nicht in die Wiege gelegt worden sein. Auch wer sich in Schule oder Sprachkurs Kompetenzen in einer Fremdsprache angeeignet hat, kann im weiteren Sinne als mehrsprachig gelten.

Mehrere Sprachen zu beherrschen, hat nicht nur praktische Vorteile. Wer früh mit einer zweiten Sprache konfrontiert wird, profitiert häufig auch in kognitiver Hinsicht. Durch das ständige Umschalten von einem Sprachsystem ins andere wird offenbar das Gehirn „trainiert". Das wirkt sich positiv auf das Sprachbewusstsein aus, beeinflusst aber auch das Problemlösungsverhalten und das kreative Denken. Oft fällt es diesen Kindern leichter, sich in andere hineinzuversetzen und auf deren Situation einzugehen, denn Sprache kann unser Denken auf subtile Weise beeinflussen, und mehrere Sprachen können einen anderen Blickwinkel auf die Welt ermöglichen.

Wie gut eine Zweit- oder Fremdsprache gelernt wird, hängt von vielen Faktoren ab. Viel diskutiert wird die These, es gebe ein „kritisches Zeitfenster", in dem Kinder besonders aufnahmefähig für Sprachen sind. Dennoch ist das Alter ein gewichtiger Faktor. Je jünger Kinder sind, wenn sie mit einer neuen Sprache konfrontiert werden, je mehr sie diese Sprache selbst benutzen und je mehr Feedback sie in dieser Sprache bekommen, desto höher ist die Chance, dass sie ein hohes Niveau erreichen.

Entscheidend sind zudem Qualität, Intensität und Länge des Sprachkontakts: Auf welche Weise, wie viele Male pro Woche und über wie viele Jahre kommt ein Kind mit der Sprache in Berührung?

Bei vertieften Sprachlernprogrammen sind die Bedingungen meist günstig. So betreuen in den mehr als 1.000 bilingualen Kitas in Deutschland in der Regel zwei verschiedensprachige Personen eine Gruppe von Kindern nach dem Prinzip „Eine Person, eine Sprache". Bilinguale Schulen bieten neben dem reinen Fremdsprachenunterricht Fächer wie Mathematik, Geschichte oder Biologie auf Englisch, Französisch oder Spanisch an. Beträgt deren Anteil mindestens 50 Prozent des Kerncurriculums, spricht man von Immersion, dem Eintauchen in eine Sprache. Die sogenannte Vollimmersion, in der der gesamte Unterricht in einer Fremdsprache stattfindet, ist in Deutschland jedoch die Ausnahme.

Die Angst mancher Eltern, ein Aufwachsen mit mehreren Sprachen überfordere ihr Kind, halte ich für unbegründet, solange die Erstsprache konsequent gefördert wird. So wäre es ein Fehler, wenn Eltern mit ihrem arabischsprachig erzogenen Kind nur noch Deutsch sprächen, sobald

Deutsch in Kindergarten oder Schule gesprochen würde. In der Folge könnte sich das Kind in keiner der beiden Sprachen altersgemäß ausdrücken und in der Entwicklung zurückfallen. Das kann zu einer „doppelten Halbsprachigkeit" führen: Am Ende fehlt dann in beiden Sprachen die Fähigkeit, komplexe Sachverhalte zu verstehen und auszudrücken.

Ich danke Ihnen für Ihre Aufmerksamkeit.

Quellenverzeichnis

Einheit 1
Artikel

https://shop.spotlight-verlag.de/de_DE/lehrkraefte/lehrer-deutsch-perfekt/deutsch-perfekt-wunschabo/36545.html

Einheit 2
Artikel

https://www.fitfor24.de/home/mitgliedschaft/hausordnung/

https://www.abipur.de/referate/stat/648396730.html

https://pixabay.com/zh/photos/basketball-playing-silhouette-108622/

https://pixabay.com/zh/photos/ping-pong-table-tennis-paddles-1205609/

https://pixabay.com/zh/photos/soccer-support-football-boots-duel-606235/

https://pixabay.com/zh/photos/running-woman-race-athlete-sport-4782722/

https://pixabay.com/zh/photos/sports-swimmer-swim-crawl-1620491/

https://pixabay.com/zh/photos/bungee-jumping-bungy-jumping-6482640/

https://pixabay.com/zh/photos/diving-maldives-sea-ocean-261585/

https://pixabay.com/zh/photos/fitness-room-fitness-sport-1180062/

Einheit 3
Artikel

Deutsch Perfekt 11/2014

Deutsch Perfekt 6/2017

Einheit 4
Artikel

Claudia May, Deutsch Perfekt 5/2020, S. 30

https://www.miniatur-wunderland.de/austausch/wunderland-informationen/wunderland-image-film/

Einheit 5

Bild

https://pixabay.com/de/photos/hieroglyphen-schreiben-%c3%a4gyptische-3839141/

https://pixabay.com/de/photos/frau-kunst-kreativ-entspannung-1283009/

https://pixabay.com/de/illustrations/kinokarte-karte-ticket-marke-1075066/

Artikel

http://zitatus.com/warum-kultur-wichtig-ist

https://www.kulturrat.de/positionen/kulturfinanzierung/

https://crescendo.de/christian-gerhaher-es-ist-doch-ein-entsetzlich-schwieriger-beruf-1000030539/

https://www.lernhelfer.de/schuelerlexikon/geschichte/artikel/kultur-und-kunst-den-zwanzigern

Einheit 6

Bild

https://pixabay.com/de/photos/frau-portr%c3%a4t-modell-l%c3%a4cheln-657753/

https://cdn.pixabay.com/photo/2016/11/29/09/38/adult-1868750__480.jpg

https://pixabay.com/de/photos/schwangerschaft-babybauch-frau-baby-5098881/

https://cdn.pixabay.com/photo/2016/11/29/01/34/man-1866574__480.jpg

https://pixabay.com/de/photos/radio-studio-moderatorin-6135422/

https://pixabay.com/de/photos/mann-detektiv-gangster-rohr-6307199/

https://pixabay.com/de/photos/mann-lehrer-professor-m%c3%a4nner-5480897/

https://pixabay.com/de/illustrations/social-media-interaktion-frau-1233873/

Artikel

https://www.gutefrage.net/frage/warum-ist-tik-tok-so-beliebt-geworden

https://www.familie.de/familienleben/tik-tok-app-eine-gefahr-fuer-kinder/

https://www.gamestar.de/artikel/zocken-oder-lesen-bessere-bildung-lesekompetenz,3351122.html

https://www.rnd.de/wissen/buch-oder-bildschirm-digitale-medien-konnen-beim-lernen-helfen-FLASS24EG73CJ264IYQTB63FR4.html

https://www.spiegel.de/netzwelt/games/mediennutzung-man-wird-nicht-amoklaeufer-weil-man-ein-brutales-computerspiel-gespielt-hat-a-739509.html

https://www.social-web-macht-schule.de/mediensucht-ist-das-ein-thema-2/

Einheit 7

Bild

https://pixabay.com/photos/diabetes-blood-sugar-blood-test-2994808/

https://pixabay.com/de/photos/instant-fertiggericht-nudeln-4906147/

Artikel

https://www.daserste.de/information/wissen-kultur/wissen-vor-acht-mensch/videos/wissen-vor-acht-mensch-video-700.html

https://www.ndr.de/ratgeber/gesundheit/Wie-viel-Fleisch-ist-gesund,fleisch233.html

https://www.gesundheit.de/ernaehrung/lebensmittel/fleisch-und-fisch/fleisch

Einheit 8

Bild

https://pixabay.com/de/photos/menschen-m%C3%A4dchen-frauen-studenten-2557399/

https://pixabay.com/de/photos/radio-studio-moderatorin-6135422/

https://pixabay.com/de/illustrations/frau-burnout-multitasking-gesicht-1733881/

https://pixabay.com/de/photos/unternehmer-rechner-männer-büro-2326419/

https://pixabay.com/de/photos/lernen-jurist-recht-rechtliche-2746004/

https://pixabay.com/de/photos/rezeptionisten-anruf-hotel-5975962/

Artikel

https://www.tagesspiegel.de/wissen/kritik-am-deutschen-bildungssystem-durchlaessig-aber-nicht-gerecht/25539204.html

https://www.faz.net/aktuell/wissen/geist-soziales/soziale-unterschiede-an-schulen-14953323.html

https://www.placetel.de/blog/home-office-vorteile-und-nachteile

https://www.stuttgarter-nachrichten.de/inhalt.homeoffice-in-der-corona-pandemie-beschaeftigte-berichten-von-ihren-erfahrungen.02c9d4db-13db-46ca-96d0-0ce4d839202d.html

Einheit 9

Bild

https://cdn.pixabay.com/photo/2015/01/08/18/29/entrepreneur-593358__340.jpg

https://cdn.pixabay.com/photo/2016/11/18/19/07/happy-1836445__480.jpg

https://pixabay.com/de/photos/portr%c3%a4t-k%c3%b6nigin-m%c3%a4dchen-frau-4428523/

https://pixabay.com/de/photos/frauen-kultur-bali-tee-asien-5296386/

https://cdn.pixabay.com/photo/2021/06/23/16/54/woman-6359198__480.jpg

https://pixabay.com/de/photos/schreibtisch-mann-gesch%c3%a4ft-6952919/

https://pixabay.com/de/photos/berlin-politik-bundestag-2407148/

https://pixabay.com/de/photos/herz-liebe-klaviatur-eintreten-3698156/

https://pixabay.com/de/illustrations/social-media-konzept-mann-frau-2893834/

Artikel

Einheit 10

Bild

https://i1.wp.com/colorful-germany.de/wp-content/uploads/2020/03/afd_1230.jpg?fit=1320%2C880

https://bohnen.wiki/images/thumb/1/17/Rafael.jpg/300px-Rafael.jpg

https://cdn.pixabay.com/photo/2015/04/28/16/03/andrea-743885_960_720.jpg

http://datenwirken.de/case-problemlos-von-a-nach-b.html

https://pixabay.com/de/photos/rentier-tabun-weide-h%c3%b6rner-huf-2524815/

Artikel

https://www.geo.de/natur/tierwelt/rentiere-ziehen-in-den-sueden-lapplands-31456014.html

https://www.tagesspiegel.de/wissen/pro-und-contra-der-atomenergie-brauchen-wir-kernkraft-gegen-die-klimakrise/25389314.html

https://info-de.scientists4future.org/kernenergie-ist-keine-technologie-zur-loesung-der-klimakrise/

Einheit 11

Bild

https://pixabay.com/de/illustrations/zahnr%c3%a4der-ausr%c3%bcstung-rad-maschine-2125183/

https://www.goethe.de/de/kul/ges/22082066.html

Artikel

https://www.silver-tipps.de/technologien-die-den-alltag-unterstuetzen-und-erleichtern/

https://www.planet-wissen.de/technik/computer_und_roboter/kuenstliche_intelligenz/index.html

https://www.bpb.de/dialog/netzdebatte/243905/technischer-fortschritt-fluch-oder-segen

https://www.deutschebahnconnect.com/Downloads/AGB/b2c_flinkster_allgemeine-geschaeftsbedingungen-carsharing-fuer-privatkunden.pdf

Einheit 12

Bild

https://alleideen.com/wp-content/uploads/2015/11/moderne-frisuren-maenner-frisuren-maenner-coole-frisuren-maenner.jpg

https://www.freestock.com/free-photos/nurse-holding-syringe-smiling-isolated-white-72379078

http://pngimg.com/uploads/student/student_PNG139.png

https://pixabay.com/photos/woman-portrait-model-makeup-1868717/

https://pixabay.com/de/illustrations/banner-header-menschen-silhouetten-1158374/

https://pixabay.com/de/photos/pleite-arm-leer-taschen-geld-4765739/

Artikel

https://www.auslandsschulwesen.de/SharedDocs/Downloads/Webs/ZfA/DE/Publikationen/BEGEGNUNG/BEGEGNUNG_2017_4.pdf?__blob=publicationFile&v=2